PREFACIO

La colección de guías de conversación para viajar "Todo irá bien" publicada por T&P Books está diseñada para personas que viajan al extranjero para turismo y negocios. Las guías contienen lo más importante - los elementos esenciales para una comunicación básica.Éste es un conjunto de frases imprescindibles para "sobrevivir" mientras está en el extranjero.

Esta guía de conversación le ayudará en la mayoría de los casos donde usted necesite pedir algo, conseguir direcciones, saber cuánto cuesta algo, etc. Puede también resolver situaciones difíciles de la comunicación donde los gestos no pueden ayudar.

Este libro contiene muchas frases que han sido agrupadas según los temas más relevantes. Una sección separada del libro también ofrece un pequeño diccionario con más de 1.500 palabras importantes y útiles.

Llévese la guía de conversación "Todo irá bien" en el camino y tendrá una insustituible compañera de viaje que le ayudará a salir de cualquier situación y le enseñará a no temer hablar con extranjeros.

TABLA DE CONTENIDOS

T&P Books Publishing

T&P Books Publishing

GUÍA DE CONVERSACIÓN
– PORTUGUÉS –

LAS PALABRAS Y LAS FRASES MÁS ÚTILES

Esta Guía de Conversación contiene las frases y las preguntas más comunes necesitadas para una comunicación básica con extranjeros

Andrey Taranov

T&P BOOKS

Guía de conversación + diccionario de 1500 palabras

Guía de conversación Español-Portugués y diccionario conciso de 1500 palabras

por Andrey Taranov

La colección de guías de conversación para viajar "Todo irá bien" publicada por T&P Books está diseñada para personas que viajan al extranjero para turismo y negocios. Las guías contienen lo más importante - los elementos esenciales para una comunicación básica. Éste es un conjunto de frases imprescindibles para "sobrevivir" mientras está en el extranjero.

Una otra sección del libro también ofrece un pequeño diccionario con más de 1.500 palabras útiles. El diccionario incluye muchos términos gastronómicos y será de gran ayuda para pedir los alimentos en un restaurante o comprando comestibles en la tienda.

T&P Books Publishing
www.tpbooks.com

ISBN: 978-1-78492-639-7

Este libro está disponible en formato electrónico o de E-Book también.
Visite www.tpbooks.com o las librerías electrónicas más destacadas en la Red.

PRONUNCIACIÓN

Ejemplo portugués

Ejemplo español

Las vocales

[a]	**baixo** ['baɪʃu]	radio
[ɐ]	**junta** ['ʒũtɐ]	altura
[e]	**erro** ['eʀu]	verano
[ɛ]	**leve** ['lɛvɐ]	mes
[ə]	**cliente** [kli'ëtə]	llave
[i]	**lancil** [lã'sil]	ilegal
[ɪ]	**baixo** ['baɪʃu]	abismo
[o], [ɔ]	**boca, orar** ['bokɐ], [ɔ'rar]	bolsa
[u]	**urgente** [ur'ʒẽtə]	mundo
[ã]	**toranja** [tu'rãʒɐ]	[a] nasal
[ẽ]	**gente** ['ʒẽtə]	[e] nasal
[ĩ]	**seringa** [sə'ʀĩgɐ]	[i] nasal
[õ]	**ponto** ['põtu]	[o] nasal
[ũ]	**umbigo** [ũ'bigu]	[u] nasal

Las consonantes

[b]	**banco** ['bãku]	en barco
[d]	**duche** ['duʃə]	desierto
[f]	**facto** ['faktu]	golf
[g]	**gorila** [gu'rilɐ]	jugada
[ʒ]	**margem** ['marʒẽ']	asiento
[j]	**feira** ['fejrɐ]	asiento
[k]	**claro** ['klaru]	charco
[l]	**Londres** ['lõdrəʃ]	lira
[ʎ]	**molho** ['moʎu]	lágrima
[m]	**montanha** [mõ'tɐɲɐ]	nombre
[n]	**novela** [nu'vɛlɐ]	número
[ɲ]	**senhora** [sə'ɲorɐ]	leña
[ŋ]	**marketing** ['markətiŋ]	rincón
[p]	**prata** ['pratɐ]	precio
[ʀ]	**regador** [ʀɐgɐ'dor]	R francesa (gutural)

T&P alfabeto fonético	Ejemplo portugués	Ejemplo español
[ɾ]	aberto [ɐ'bɛɾtu]	pero
[s]	safira [sɐ'fiɾɐ]	salva
[ʃ]	texto ['tɛʃtu]	shopping
[t]	teto ['tɛtu]	torre
[ʧ]	cappuccino [kapu'ʧinu]	mapache
[v]	alvo ['alvu]	travieso
[z]	vizinha [vi'ziɲɐ]	desde
[ʒ]	juntos ['ʒũtuʃ]	adyacente
[w]	sequoia [sɐ'kwɔjɐ]	acuerdo

LISTA DE ABREVIATURAS

Abreviatura en español

adj	-	adjetivo
adv	-	adverbio
anim.	-	animado
conj	-	conjunción
etc.	-	etcétera
f	-	sustantivo femenino
f pl	-	femenino plural
fam.	-	uso familiar
fem.	-	femenino
form.	-	uso formal
inanim.	-	inanimado
innum.	-	innumerable
m	-	sustantivo masculino
m pl	-	masculino plural
m, f	-	masculino, femenino
masc.	-	masculino
mat	-	matemáticas
mil.	-	militar
num.	-	numerable
p.ej.	-	por ejemplo
pl	-	plural
pron	-	pronombre
sg	-	singular
v aux	-	verbo auxiliar
vi	-	verbo intransitivo
vi, vt	-	verbo intransitivo, verbo transitivo
vr	-	verbo reflexivo
vt	-	verbo transitivo

Abreviatura en portugués

f	-	sustantivo femenino
f pl	-	femenino plural
m	-	sustantivo masculino
m pl	-	masculino plural
m, f	-	masculino, femenino

pl	-	plural
v aux	-	verbo auxiliar
vi	-	verbo intransitivo
vi, vt	-	verbo intransitivo, verbo transitivo
vr	-	verbo reflexivo
vt	-	verbo transitivo

GUÍA DE CONVERSACIÓN PORTUGUÉS

Esta sección contiene frases importantes que pueden resultar útiles en varias situaciones de la vida real. La Guía le ayudará a pedir direcciones, aclaración sobre precio, comprar billetes, y pedir alimentos en un restaurante

T&P Books Publishing

CONTENIDO DE LA GUÍA DE CONVERSACIÓN

T&P Books Publishing

Lo más imprescindible

Perdone, …	**Desculpe, …** [dɛʃk'ulpɛ, …]
Hola.	**Olá!** [ɔl'a!]
Gracias.	**Obrigado /Obrigada/.** [ɔbrig'adu /ɔbrig'ada/]

Sí.	**Sim.** [sĩ]
No.	**Não.** ['nau]
No lo sé.	**Não sei.** ['nau sɛj]
¿Dónde? | ¿A dónde? | ¿Cuándo?	**Onde? | Para onde? | Quando?** ['õdɛ? | 'para 'õdɛ? | ku'ãdu?]

Necesito …	**Preciso de …** [prɛs'izu dɛ …]
Quiero …	**Eu queria …** ['eu kɛr'ia …]
¿Tiene …?	**Tem …?** [tɛj …?]
¿Hay … por aquí?	**Há aqui …?** ['a ak'i …?]
¿Puedo …?	**Posso …?** ['pɔsu …?]
…, por favor? (petición educada)	**…, por favor** […, pur fav'or]

Busco …	**Estou à procura de …** [ʃto a prɔk'ura dɛ …]
el servicio	**casa de banho** ['kaza dɛ 'baɲu]
un cajero automático	**Multibanco** [multib'ãku]
una farmacia	**farmácia** [farm'asia]
el hospital	**hospital** [ɔʃpit'al]

la comisaría	**esquadra de polícia** [ɛʃku'adra dɛ pul'isia]
el metro	**metro** ['mɛtru]

un taxi	**táxi** ['taksi]
la estación de tren	**estação de comboio** [ɛʃtas'au dɛ kõb'ɔju]

Me llamo …	**Chamo-me …** ['ʃamumɛ …]
¿Cómo se llama?	**Como se chama?** ['komu sɛ ʃ'ama?]
¿Puede ayudarme, por favor?	**Pode-me dar uma ajuda?** ['pɔdɛmɛ dar 'uma aʒ'uda?]
Tengo un problema.	**Tenho um problema.** ['tɛɲu ũ prubl'ema]
Me encuentro mal.	**Não me sinto bem.** ['nau mɛ 'sĩtu bɛj]
¡Llame a una ambulancia!	**Chame a ambulância!** ['ʃamɛ a ãbul'äsia!]
¿Puedo llamar, por favor?	**Posso fazer uma chamada?** ['pɔsu faz'er 'uma ʃam'ada?]

Lo siento.	**Desculpe.** [dɛʃk'ulpɛ]
De nada.	**De nada.** [dɛ 'nada]

Yo	**eu** ['eu]
tú	**tu** [tu]
él	**ele** ['ɛlɛ]
ella	**ela** ['ɛla]
ellos	**eles** ['ɛleʃ]
ellas	**elas** ['ɛlaʃ]
nosotros /nosotras/	**nós** [nɔʃ]
ustedes, vosotros	**vocês** [vɔs'eʃ]
usted	**você** [vɔs'e]

ENTRADA	**ENTRADA** [ẽtr'ada]
SALIDA	**SAÍDA** [sa'ida]
FUERA DE SERVICIO	**FORA DE SERVIÇO** [f'ora dɛ sɛrv'isu]
CERRADO	**FECHADO** [fɛʃ'adu]

ABIERTO	**ABERTO** [ab'ɛrtu]
PARA SEÑORAS	**PARA SENHORAS** ['para sɛɲ'oraʃ]
PARA CABALLEROS	**PARA HOMENS** ['para 'ɔmɛjʃ]

Preguntas

¿Dónde?	**Onde?** ['õdɛ?]
¿A dónde?	**Para onde?** ['para 'õdɛ?]
¿De dónde?	**De onde?** [dɛ 'õdɛ?]
¿Por qué?	**Porquê?** [purk'e?]
¿Con que razón?	**Porque razão?** ['purkɛ raz'au?]
¿Cuándo?	**Quando?** [ku'ãdu?]

¿Cuánto tiempo?	**Quanto tempo?** [ku'ãtu 'tẽpu?]
¿A qué hora?	**A que horas?** [a kɛ 'ɔraʃ?]
¿Cuánto?	**Quanto?** [ku'ãtu?]
¿Tiene ...?	**Tem ...?** [tɛj ...?]
¿Dónde está ...?	**Onde fica ...?** ['õdɛ 'fika ...?]

¿Qué hora es?	**Que horas são?** [kɛ 'ɔraʃ 'sau?]
¿Puedo llamar, por favor?	**Posso fazer uma chamada?** ['pɔsu faz'er 'uma ʃam'ada?]
¿Quién es?	**Quem é?** [kɛj ɛ?]
¿Se puede fumar aquí?	**Posso fumar aqui?** ['pɔsu fum'ar ak'i?]
¿Puedo ...?	**Posso ...?** ['pɔsu ...?]

Necesidades

Quisiera ...	**Eu gostaria de ...** ['eu guʃtar'ia dɛ ...]
No quiero ...	**Eu não quero ...** ['eu 'nau 'kɛru ...]
Tengo sed.	**Tenho sede.** ['tɛɲu 'sedɛ]
Tengo sueño.	**Eu quero dormir.** ['eu 'kɛru durm'ir]
Quiero ...	**Eu queria ...** ['eu kɛr'ia ...]
lavarme	**lavar-me** [lav'armɛ]
cepillarme los dientes	**escovar os dentes** [ɛʃkuv'ar uʃ 'dẽtɛʃ]
descansar un momento	**descansar um pouco** [dɛʃkãs'ar ũ 'poku]
cambiarme de ropa	**trocar de roupa** [truk'ar dɛ 'ropa]
volver al hotel	**voltar ao hotel** [vɔlt'ar 'au ɔt'ɛl]
comprar ...	**comprar ...** [kõpr'ar ...]
ir a ...	**ir para ...** [ir 'para ...]
visitar ...	**visitar ...** [vizit'ar ...]
quedar con ...	**encontrar-me com ...** [ẽkõtr'armɛ kõ ...]
hacer una llamada	**fazer uma chamada** [faz'er 'uma ʃam'ada]
Estoy cansado /cansada/.	**Estou cansado /cansada/.** [ʃto kãs'adu /kãs'ada/]
Estamos cansados /cansadas/.	**Nós estamos cansados /cansadas/.** [nɔʃ ɛʃt'amuʃ kãs'aduʃ /kãs'adaʃ/]
Tengo frío.	**Tenho frio.** ['tɛɲu fr'iu]
Tengo calor.	**Tenho calor.** ['tɛɲu kal'or]
Estoy bien.	**Estou bem.** [ʃto bɛj]

Tengo que hacer una llamada.

Preciso de telefonar.
[prɛs'izu dɛ tɛlɛfun'ar]

Necesito ir al servicio.

Preciso de ir à casa de banho.
[prɛs'izu dɛ ir a 'kaza dɛ 'baɲu]

Me tengo que ir.

Tenho de ir.
['tɛɲu dɛ ir]

Me tengo que ir ahora.

Tenho de ir agora.
['tɛɲu dɛ ir ag'ɔra]

Preguntar por direcciones

Perdone, ...	**Desculpe, ...** [dɛʃk'ulpɛ, ...]
¿Dónde está ...?	**Onde fica ...?** ['õdɛ 'fika ...?]
¿Por dónde está ...?	**Para que lado fica ...?** ['para kɛ 'ladu 'fika ...?]
¿Puede ayudarme, por favor?	**Pode-me dar uma ajuda?** ['pɔdɛmɛ dar 'uma aʒ'uda?]

Busco ...	**Estou à procura de ...** [ʃto a prɔk'ura dɛ ...]
Busco la salida.	**Estou à procura da saída.** [ʃto a prɔk'ura da sa'ida]
Voy a ...	**Eu vou para ...** ['eu vo 'para ...]
¿Voy bien por aquí para ...?	**Estou a ir bem para ...?** [ʃto a ir bɛj 'para ...?]

¿Está lejos?	**Fica longe?** [fˈika 'lõʒɛ?]
¿Puedo llegar a pie?	**Posso ir até lá a pé?** ['pɔsu ir atɛ la a pɛ?]
¿Puede mostrarme en el mapa?	**Pode-me mostrar no mapa?** ['pɔdɛmɛ muʃtr'ar nu 'mapa?]
Por favor muestreme dónde estamos.	**Mostre-me onde estamos de momento.** ['mɔʃtrɛmɛ 'õdɛ ɛʃt'amuʃ dɛ mum'ẽtu]

Aquí	**Aqui** [ak'i]
Allí	**Ali** [al'i]
Por aquí	**Por aqui** [pur ak'i]

Gire a la derecha.	**Vire à direita.** ['virɛ a dir'ɛjta]
Gire a la izquierda.	**Vire à esquerda.** ['virɛ a ɛʃk'erda]
la primera (segunda, tercera) calle	**primeira (segunda, terceira) curva** [prim'ɛjra (sɛg'ũda, tɛrs'ɛjra) 'kurva]
a la derecha	**para a direita** ['para a dir'ɛjta]

a la izquierda

para a esquerda
['para a ɛʃk'erda]

Siga recto.

Vá sempre em frente.
[va 'sẽprɛ ɛj fr'ẽtɛ]

Carteles

¡BIENVENIDO!	**BEM-VINDOS!** [bɛjvˈiduʃ]
ENTRADA	**ENTRADA** [ẽtrˈada]
SALIDA	**SAÍDA** [saˈida]

EMPUJAR	**EMPURRAR** [ẽpurˈar]
TIRAR	**PUXAR** [puʃˈar]
ABIERTO	**ABERTO** [abˈɛrtu]
CERRADO	**FECHADO** [fɛʃˈadu]

PARA SEÑORAS	**PARA SENHORAS** [ˈpara sɛɲˈoraʃ]
PARA CABALLEROS	**PARA HOMENS** [ˈpara ˈɔmɛjʃ]
CABALLEROS	**HOMENS, CAVALHEIROS** [ˈɔmɛjʃ, kavaʎˈɛjruʃ]
SEÑORAS	**SENHORAS** [sɛɲˈoraʃ]

REBAJAS	**DESCONTOS** [dɛʃkˈötuʃ]
VENTA	**SALDOS** [ˈsalduʃ]
GRATIS	**GRATUITO** [gratˈuitu]
¡NUEVO!	**NOVIDADE!** [nuvidˈadɛ!]
ATENCIÓN	**ATENÇÃO!** [atẽsˈau!]

COMPLETO	**NÃO HÁ VAGAS** [ˈnau a ˈvagaʃ]
RESERVADO	**RESERVADO** [rɛzɛrvˈadu]
ADMINISTRACIÓN	**ADMINISTRAÇÃO** [adminiʃtrasˈau]
SÓLO PERSONAL AUTORIZADO	**ACESSO RESERVADO** [asˈɛsu rɛzɛrvˈadu]

CUIDADO CON EL PERRO	**CUIDADO COM O CÃO** [kuid'adu kõ u 'kau]
NO FUMAR	**NÃO FUMAR!** ['nau fum'ar!]
NO TOCAR	**NÃO MEXER!** ['nau mɛʃer!]
PELIGROSO	**PERIGOSO** [pɛrig'ozu]
PELIGRO	**PERIGO** [pɛr'igu]
ALTA TENSIÓN	**ALTA TENSÃO** ['alta tẽs'au]
PROHIBIDO BAÑARSE	**PROIBIDO NADAR** [pruib'idu nad'ar]
FUERA DE SERVICIO	**FORA DE SERVIÇO** [f'ora dɛ sɛrv'isu]
INFLAMABLE	**INFLAMÁVEL** [iflam'avɛl]
PROHIBIDO	**PROIBIDO** [pruib'idu]
PROHIBIDO EL PASO	**PASSAGEM PROIBIDA** [pas'aʒɛj pruib'ida]
RECIÉN PINTADO	**PINTADO DE FRESCO** [pĩt'adu dɛ fr'eʃku]
CERRADO POR RENOVACIÓN	**FECHADO PARA OBRAS** [fɛʃ'adu 'para 'ɔbraʃ]
EN OBRAS	**TRABALHOS NA VIA** [trab'aʎuʃ na 'via]
DESVÍO	**DESVIO** [dɛʒv'iu]

Transporte. Frases generales

el avión	**avião** [avjˈau]
el tren	**comboio** [kõbˈɔju]
el bus	**autocarro** [autɔkˈaru]
el ferry	**ferri** [fɛri]
el taxi	**táxi** [ˈtaksi]
el coche	**carro** [ˈkaru]
el horario	**horário** [ɔrˈariu]
¿Dónde puedo ver el horario?	**Onde posso ver o horário?** [ˈõdɛ ˈpɔsu ver u ɔrˈariu?]
días laborables	**dias de trabalho** [ˈdiaʃ dɛ trabˈaʎu]
fines de semana	**fins de semana** [fiʃ dɛ sɛmˈana]
días festivos	**férias** [fˈɛriaʃ]
SALIDA	**PARTIDA** [partˈida]
LLEGADA	**CHEGADA** [ʃɛgˈada]
RETRASADO	**ATRASADO** [atrazˈadu]
CANCELADO	**CANCELADO** [kãsɛlˈadu]
siguiente (tren, etc.)	**próximo** [prˈɔsimu]
primero	**primeiro** [primˈɛjru]
último	**último** [ˈultimu]
¿Cuándo pasa el siguiente …?	**Quando é o próximo …?** [kuˈãdu ɛ u prˈɔsimu …?]
¿Cuándo pasa el primer …?	**Quando é o primeiro …?** [kuˈãdu ɛ u primˈɛjru …?]

¿Cuándo pasa el último ...?

Quando é o último ...?
[ku'ãdu ɛ u 'ultimu ...?]

el trasbordo (cambio de trenes, etc.)

transbordo
[trãʒb'ordu]

hacer un trasbordo

fazer o transbordo
[faz'er u trãʒb'ordu]

¿Tengo que hacer un trasbordo?

Preciso de fazer o transbordo?
[prɛs'izu dɛ faz'er u trãʒb'ordu?]

Comprar billetes

¿Dónde puedo comprar un billete?	**Onde posso comprar bilhetes?** ['õdɛ 'pɔsu kõpr'ar biʎ'etɛʃ?]
el billete	**bilhete** [biʎ'etɛ]
comprar un billete	**comprar um bilhete** [kõpr'ar ũ biʎ'etɛ]
precio del billete	**preço do bilhete** [pr'esu du biʎ'etɛ]

¿Para dónde?	**Para onde?** ['para 'õdɛ?]
¿A qué estación?	**Para que estação?** ['para kɛ ɛʃtas'au?]
Necesito …	**Preciso de …** [prɛs'izu dɛ …]
un billete	**um bilhete** [ũ biʎ'etɛ]
dos billetes	**dois bilhetes** ['dojʃ biʎ'etɛʃ]
tres billetes	**três bilhetes** [treʃ biʎ'etɛʃ]

sólo ida	**só de ida** [sɔ dɛ 'ida]
ida y vuelta	**de ida e volta** [dɛ 'ida i 'vɔlta]
en primera (primera clase)	**primeira classe** [prim'ɛjra kl'asɛ]
en segunda (segunda clase)	**segunda classe** [sɛg'ũda kl'asɛ]

hoy	**hoje** ['oʒɛ]
mañana	**amanhã** [amaɲ'ã]
pasado mañana	**depois de amanhã** [dɛp'ojʃ dɛ amaɲ'ã]
por la mañana	**de manhã** [dɛ maɲ'ã]
por la tarde	**à tarde** [a 'tardɛ]
por la noche	**ao fim da tarde** ['au fi da 'tardɛ]

asiento de pasillo

lugar de corredor
[lug'ar dɛ kurɛd'or]

asiento de ventanilla

lugar à janela
[lug'ar a ʒan'ɛla]

¿Cuánto cuesta?

Quanto?
[ku'ãtu?]

¿Puedo pagar con tarjeta?

Posso pagar com cartão de crédito?
['pɔsu pag'ar kõ kart'au dɛ kr'ɛditu?]

Autobús

el autobús	**autocarro** [autɔk'aru]
el autobús interurbano	**camioneta** [kamiun'ɛta]
la parada de autobús	**paragem de autocarro** [par'aʒɛj dɛ autɔk'aru]
¿Dónde está la parada de autobuses más cercana?	**Onde é a paragem** **de autocarro mais perto?** ['õdɛ ɛ a par'aʒɛj dɛ autɔk'aru majʃ 'pɛrtu?]

número	**número** ['numɛru]
¿Qué autobús tengo que tomar para ...?	**Qual o autocarro que apanho para ...?** [ku'al u autɔk'aru kɛ ap'aɲu 'para ...?]
¿Este autobús va a ...?	**Este autocarro vai até ...?** ['eʃtɛ autɔk'aru vaj atɛ ...?]
¿Cada cuanto pasa el autobús?	**Com que frequência** **passam os autocarros?** [kõ kɛ frɛku'ẽsia 'pasau uʃ autɔk'aruʃ?]

cada 15 minutos	**de 15 em 15 minutos** [dɛ 'k̃izɛ ɛj 'k̃izɛ min'utuʃ]
cada media hora	**de meia em meia hora** [dɛ 'mɛja ɛj 'mɛja 'ɔra]
cada hora	**de hora a hora** [dɛ 'ɔra a 'ɔra]
varias veces al día	**várias vezes ao dia** ['variaʃ 'vezɛʃ 'au dia]
... veces al día	**... vezes ao dia** [... 'vezɛʃ 'au dia]

el horario	**horário** [ɔr'ariu]
¿Dónde puedo ver el horario?	**Onde posso ver o horário?** ['õdɛ 'posu ver u ɔr'ariu?]
¿Cuándo pasa el siguiente autobús?	**Quando é o próximo autocarro?** [ku'ãdu ɛ u pr'ɔsimu autɔk'aru?]
¿Cuándo pasa el primer autobús?	**Quando é o primeiro autocarro?** [ku'ãdu ɛ u prim'ɛjru autɔk'aru?]
¿Cuándo pasa el último autobús?	**Quando é o último autocarro?** [ku'ãdu ɛ u 'ultimu autɔk'aru?]

la parada	**paragem** [par'aʒɛj]
la siguiente parada	**próxima paragem** [pr'ɔsima par'aʒɛj]
la última parada	**última paragem** ['ultima par'aʒɛj]
Pare aquí, por favor.	**Pare aqui, por favor.** ['parɛ ak'i, pur fav'or]
Perdone, esta es mi parada.	**Desculpe, esta é a minha paragem.** [dɛʃk'ulpɛ, 'ɛʃta ɛ a 'miɲa par'aʒɛj]

Tren

el tren	**comboio** [kõb'ɔju]
el tren de cercanías	**comboio sub-urbano** [kõb'ɔju suburb'anu]
el tren de larga distancia	**comboio de longa distância** [kõb'ɔju dɛ 'lõga diʃt'ãsia]
la estación de tren	**estação de comboio** [ɛʃtas'au dɛ kõb'ɔju]
Perdone, ¿dónde está la salida al anden?	**Desculpe, onde fica a saída para a plataforma?** [dɛʃk'ulpɛ, 'õdɛ 'fika a sa'ida 'para a plataf'ɔrma?]

¿Este tren va a ...?	**Este comboio vai até ...?** ['eʃtɛ kõb'ɔju vaj atɛ ...?]
el siguiente tren	**próximo comboio** [pr'ɔsimu kõb'ɔju]
¿Cuándo pasa el siguiente tren?	**Quando é o próximo comboio?** [ku'ãdu ɛ u pr'ɔsimu kõb'ɔju?]
¿Dónde puedo ver el horario?	**Onde posso ver o horário?** ['õdɛ 'pɔsu ver u ɔr'ariu?]
¿De qué andén?	**Apartir de que plataforma?** [apart'ir dɛ kɛ plataf'ɔrma?]
¿Cuándo llega el tren a ...?	**Quando é que o comboio chega a ...?** [ku'ãdu ɛ kɛ u kõb'ɔju ʃega a ...?]

Ayudeme, por favor.	**Ajude-me, por favor.** [aʒ'udɛmɛ, pur fav'or]
Busco mi asiento.	**Estou à procura do meu lugar.** [ʃto a prɔk'ura du 'meu lug'ar]
Buscamos nuestros asientos.	**Nós estamos à procura dos nossos lugares.** [nɔʃ ɛʃt'amuʃ a prɔk'ura duʃ 'nɔsuʃ lug'arɛʃ]
Mi asiento está ocupado.	**O meu lugar está ocupado.** [u 'meu lug'ar ɛʃt'a ɔkup'adu]
Nuestros asientos están ocupados.	**Os nossos lugares estão ocupados.** [uʃ 'nɔsuʃ lug'arɛʃ ɛʃt'au ɔkup'aduʃ]
Perdone, pero ese es mi asiento.	**Peço desculpa mas este é o meu lugar.** ['pɛsu dɛʃk'ulpa maʃ 'eʃtɛ ɛ u 'meu lug'ar]

¿Está libre?

Este lugar está ocupado?
['eʃtɛ lug'ar ɛʃt'a ɔkup'adu?]

¿Puedo sentarme aquí?

Posso sentar-me aqui?
['pɔsu sẽt'armɛ ak'i?]

En el tren. Diálogo (Sin billete)

Su billete, por favor.

No tengo billete.

He perdido mi billete.

He olvidado mi billete en casa.

Bilhete, por favor.
[biʎ'etɛ, pur fav'or]

Não tenho bilhete.
['nau 'tɛɲu biʎ'etɛ]

Perdi o meu bilhete.
[pɛrd'i u 'meu biʎ'etɛ]

Esqueci-me do bilhete em casa.
[ɛʃkɛs'imɛ du biʎ'etɛ ɛj 'kaza]

Le puedo vender un billete.

También deberá pagar una multa.

Vale.

¿A dónde va usted?

Voy a ...

Pode comprar um bilhete a mim.
['pɔdɛ kõpr'ar ũ biʎ'etɛ a 'mĩ]

Terá também de pagar uma multa.
[tɛr'a tãb'ɛj dɛ pag'ar 'uma 'multa]

Está bem.
[ɛʃt'a bɛj]

Onde vai?
['õdɛ vaj?]

Eu vou para ...
['eu vo 'para ...]

¿Cuánto es? No lo entiendo.

Escríbalo, por favor.

Vale. ¿Puedo pagar con tarjeta?

Sí, puede.

Quanto é? Eu não entendo.
[ku'ãtu 'ɛ? 'eu 'nau ẽt'ẽdu]

Escreva, por favor.
[ɛʃkr'eva, pur fav'or]

Está bem. Posso pagar com cartão de crédito?
[ɛʃt'a bɛj. 'pɔsu pag'ar kõ kart'au dɛ kr'ɛditu]

Sim, pode.
[sĩ, 'pɔdɛ]

Aquí está su recibo.

Disculpe por la multa.

No pasa nada. Fue culpa mía.

Disfrute su viaje.

Aqui tem a sua fatura.
[ak'i tɛj a 'sua fat'ura]

Desculpe pela multa.
[dɛʃk'ulpɛ 'pela 'multa]

Não tem mal. A culpa foi minha.
['nau tɛj mal. a 'kulpa 'foj 'miɲa]

Desfrute da sua viagem.
[dɛʃfr'utɛ da 'sua vj'aʒɛj]

Taxi

taxi	**táxi** ['taksi]
taxista	**taxista** [taks'iʃta]
coger un taxi	**apanhar um táxi** [apaɲ'ar ũ 'taksi]
parada de taxis	**paragem de táxis** [par'aʒɐj dɛ 'taksiʃ]
¿Dónde puedo coger un taxi?	**Onde posso apanhar um táxi?** ['õdɛ 'posu apaɲ'ar ũ 'taksi?]
llamar a un taxi	**chamar um táxi** [ʃam'ar ũ 'taksi]
Necesito un taxi.	**Preciso de um táxi.** [prɛs'izu dɛ ũ 'taksi]
Ahora mismo.	**Agora.** [ag'ɔra]
¿Cuál es su dirección?	**Qual é a sua morada?** [ku'al ɛ a 'sua mur'ada?]
Mi dirección es ...	**A minha morada é ...** [a 'miɲa mur'ada ɛ ...]
¿Cuál es el destino?	**Qual o seu destino?** [ku'al u 'seu dɛʃt'inu?]

Perdone, ...	**Desculpe, ...** [dɛʃk'ulpɛ, ...]
¿Está libre?	**Está livre?** [ɛʃt'a 'livrɛ?]
¿Cuánto cuesta ir a ...?	**Em quanto fica a corrida até ...?** [ɐj ku'ãtu 'fika a kur'ida atɛ ...?]
¿Sabe usted dónde está?	**Sabe onde é?** ['sabɛ 'õdɛ ɛ?]

Al aeropuerto, por favor.	**Para o aeroporto, por favor.** ['para u aɛrɔp'ortu, pur fav'or]
Pare aquí, por favor.	**Pare aqui, por favor.** ['parɛ ak'i, pur fav'or]
No es aquí.	**Não é aqui.** ['nau ɛ ak'i]
La dirección no es correcta.	**Esta morada está errada.** ['ɛʃta mur'ada ɛʃt'a ir'ada]
Gire a la izquierda.	**Vire à esquerda.** ['virɛ a ɛʃk'erda]
Gire a la derecha.	**Vire à direita.** ['virɛ a dir'ɛjta]

¿Cuánto le debo?	**Quanto lhe devo?** [ku'ãtu ʎɛ 'devu?]
¿Me da un recibo, por favor?	**Queria fatura, por favor.** [kɛr'ia fat'ura, pur fav'or]
Quédese con el cambio.	**Fique com o troco.** [fʲikɛ kõ u tr'oku]

Espéreme, por favor.	**Espere por mim, por favor.** [ɛʃp'ɛrɛ pur m̃i, pur fav'or]
cinco minutos	**5 minutos** ['sĩku min'utuʃ]
diez minutos	**10 minutos** [dɛʃ min'utuʃ]
quince minutos	**15 minutos** ['kĩzɛ min'utuʃ]
veinte minutos	**20 minutos** ['vĩtɛ min'utuʃ]
media hora	**meia hora** ['mɛja 'ɔra]

Hotel

Hola.	**Olá!** [ɔl'a!]
Me llamo ...	**Chamo-me ...** ['ʃamumɛ ...]
Tengo una reserva.	**Tenho uma reserva.** ['tɛɲu 'uma rɛz'ɛrva]

Necesito ...	**Preciso de ...** [prɛs'izu dɛ ...]
una habitación individual	**um quarto de solteiro** [ũ ku'artu dɛ sɔlt'ɛjru]
una habitación doble	**um quarto de casal** [ũ ku'artu dɛ kaz'al]
¿Cuánto cuesta?	**Quanto é?** [ku'ãtu 'ɛ?]
Es un poco caro.	**Está um pouco caro.** [ɛʃt'a ũ 'poku 'karu]

¿Tiene alguna más?	**Não tem outras opções?** ['nau tɛj 'otraʃ ɔps'õjʃ?]
Me quedo.	**Eu fico com ele.** ['eu 'fiku kõ 'ɛle]
Pagaré en efectivo.	**Eu pago em dinheiro.** ['eu 'pagu ɛj diɲ'ɛjru]

Tengo un problema.	**Tenho um problema.** ['tɛɲu ũ prubl'ema]
Mi ... no funciona.	**O meu ... está partido** **/A minha ... está partida/.** [u 'meu ... ɛʃt'a part'idu /a 'miɲa ... ɛʃt'a part'ida/]
Mi ... está fuera de servicio.	**O meu ... está avariado** **/A minha ... está avariada/.** [u 'meu ... ɛʃt'a avarj'adu /a 'miɲa ... ɛʃt'a avarj'ada/]
televisión	**televisor** [tɛlɛviz'or]
aire acondicionado	**ar condicionado** [ar kõdisiun'adu]

grifo	**torneira** [turn'ɛjra]
ducha	**duche** ['duʃɛ]

lavabo	**lavatório** [lavat'ɔriu]
caja fuerte	**cofre** ['kɔfrɛ]
cerradura	**fechadura** [fɛʃad'ura]
enchufe	**tomada elétrica** [tum'ada el'ɛtrika]
secador de pelo	**secador de cabelo** [sɛkad'or dɛ kab'elu]

No tengo …	**Não tenho …** ['nau 'tɛɲu …]
agua	**água** ['agua]
luz	**luz** [luʃ]
electricidad	**eletricidade** [elɛtrisid'adɛ]

¿Me puede dar …?	**Pode dar-me …?** ['pɔdɛ darmɛ …?]
una toalla	**uma toalha** ['uma tu'aʎa]
una sábana	**um cobertor** [ũ kubɛrt'or]
unas chanclas	**uns chinelos** [ũʃ ʃin'ɛluʃ]
un albornoz	**um roupão** [ũ rop'au]
un champú	**algum champô** [alg'ũ ʃãp'o]
jabón	**algum sabonete** [alg'ũ sabun'etɛ]

Quisiera cambiar de habitación.	**Gostaria de trocar de quartos.** [guʃtar'ia dɛ truk'ar dɛ ku'artuʃ]
No puedo encontrar mi llave.	**Não consigo encontrar a minha chave.** ['nau kõs'igu ẽkõtr'ar a 'miɲa ʃ'avɛ]
Por favor abra mi habitación.	**Abra-me o quarto, por favor.** ['abramɛ u ku'artu, pur fav'or]

¿Quién es?	**Quem é?** [kɛj ɛ?]
¡Entre!	**Entre!** [ẽtrɛ!]
¡Un momento!	**Um minuto!** [ũ min'utu!]
Ahora no, por favor.	**Agora não, por favor.** [ag'ɔra 'nau, pur fav'or]
Venga a mi habitación, por favor.	**Venha ao meu quarto, por favor.** ['vɛɲa 'au 'meu ku'artu, pur fav'or]

Quisiera hacer un pedido.

Gostaria de encomendar comida.
[guʃtar'ia dɛ ẽkumẽd'ar kum'ida]

Mi número de habitación es ...

O número do meu quarto é ...
[u 'numɛru du 'meu ku'artu ɛ ...]

Me voy ...

Estou de saída ...
[ʃto dɛ sa'ida ...]

Nos vamos ...

Estamos de saída ...
[ʃt'amuʃ dɛ sa'ida ...]

Ahora mismo

agora
[ag'ɔra]

esta tarde

esta tarde
['ɛʃta 'tardɛ]

esta noche

hoje à noite
['oʒɛ a 'nojtɛ]

mañana

amanhã
[amaɲ'ã]

mañana por la mañana

amanhã de manhã
[amaɲ'ã dɛ maɲ'ã]

mañana por la noche

amanhã ao fim da tarde
[amaɲ'ã 'au fi da 'tardɛ]

pasado mañana

depois de amanhã
[dɛp'ojʃ dɛ amaɲ'ã]

Quisiera pagar la cuenta.

Gostaria de pagar.
[guʃtar'ia dɛ pag'ar]

Todo ha estado estupendo.

Estava tudo maravilhoso.
[ɛʃt'ava 'tudu maraviʎ'ozu]

¿Dónde puedo coger un taxi?

Onde posso apanhar um táxi?
['õdɛ 'pɔsu apaɲ'ar ũ 'taksi?]

¿Puede llamarme un taxi, por favor?

Pode me chamar um táxi, por favor?
['pɔdɛ mɛ ʃam'ar ũ 'taksi, pur fav'or]

Restaurante

¿Puedo ver el menú, por favor?	**Posso ver o menu, por favor?** ['pɔsu 'ver u mɛn'u, pur fav'or?]
Mesa para uno.	**Mesa para um.** ['meza 'para ũ]
Somos dos (tres, cuatro).	**Somos dois (três, quatro).** ['somuʃ dojʃ (treʃ, ku'atru)]
Para fumadores	**Para fumadores** ['para fumad'orɛʃ]
Para no fumadores	**Para não fumadores** ['para 'nau fumad'orɛʃ]
¡Por favor! (llamar al camarero)	**Por favor!** [pur fav'or!]
la carta	**menu** [mɛn'u]
la carta de vinos	**lista de vinhos** ['liʃta dɛ 'viɲuʃ]
La carta, por favor.	**O menu, por favor.** [u mɛn'u, pur fav'or]
¿Está listo para pedir?	**Já escolheu?** [ʒa eʃkuʎ'eu?]
¿Qué quieren pedir?	**O que vai tomar?** [u kɛ vaj tum'ar?]
Yo quiero …	**Eu quero …** ['eu 'kɛru …]
Soy vegetariano.	**Eu sou vegetariano /vegetariana/.** ['eu so vɛʒɛtarj'anu /vɛʒɛtarj'ana/]
carne	**carne** ['karnɛ]
pescado	**peixe** ['pɛjʃɛ]
verduras	**vegetais** [vɛʒɛt'ajʃ]
¿Tiene platos para vegetarianos?	**Tem pratos vegetarianos?** [tɛj pr'atuʃ vɛʒɛtarj'anuʃ?]
No como cerdo.	**Não como porco.** ['nau 'komu 'porku]
Él /Ella/ no come carne.	**Ele /ela/ não come porco.** ['ɛle /'ɛla/ 'nau 'kɔmɛ 'porku]
Soy alérgico a …	**Sou alérgico /alérgica/ a …** [so al'ɛrʒiku /al'ɛrʒika/ a …]

¿Me puede traer …, por favor?	**Por favor, pode trazer-me …?** [pur fav'or, 'pɔdɛ traz'ɛrmɛ …?]
sal | pimienta | azúcar	**sal | pimenta | açúcar** [sal | pim'ẽta | as'ukar]
café | té | postre	**café | chá | sobremesa** [kaf'ɛ | ʃa | sobrɛm'eza]
agua | con gas | sin gas	**água | com gás | sem gás** ['agua | kõ gaʃ | sɛj gaʃ]
una cuchara | un tenedor | un cuchillo	**uma colher | um garfo | uma faca** ['uma kuʎ'ɛr | ũ 'garfu | uma 'faka]
un plato | una servilleta	**um prato | um guardanapo** [ũ pr'atu | ũ guardan'apu]
¡Buen provecho!	**Bom apetite!** [bõ apɛt'itɛ!]
Uno más, por favor.	**Mais um, por favor.** ['maiʃ ũ, pur fav'or]
Estaba delicioso.	**Estava delicioso.** [ɛʃt'ava dɛlisj'ozu]
la cuenta | el cambio | la propina	**conta | troco | gorjeta** ['kõta | tr'oku | gurʒ'eta]
La cuenta, por favor.	**A conta, por favor.** [a 'kõta, pur fav'or]
¿Puedo pagar con tarjeta?	**Posso pagar com cartão de crédito?** ['pɔsu pag'ar kõ kart'au dɛ kr'ɛditu?]
Perdone, aquí hay un error.	**Desculpe, mas tem um erro aqui.** [dɛʃk'ulpɛ, maʃ tɛj ũ 'eru ak'i]

De Compras

¿Puedo ayudarle?

Posso ajudá-lo /ajudá-la/?
['pɔsu aʒud'alu /aʒud'ala/?]

¿Tiene ...?

Tem ...?
[tɛj ...?]

Busco ...

Estou à procura de ...
[ʃto a prɔk'ura dɛ ...]

Necesito ...

Preciso de ...
[prɛs'izu dɛ ...]

Sólo estoy mirando.

Estou só a ver.
[ʃto sɔ a ver]

Sólo estamos mirando.

Estamos só a ver.
[ɛʃt'amuʃ sɔ a ver]

Volveré más tarde.

Volto mais tarde.
['vɔltu 'maiʃ 'tardɛ]

Volveremos más tarde.

Voltamos mais tarde.
[vɔlt'amuʃ 'maiʃ 'tardɛ]

descuentos | oferta

descontos | saldos
[dɛʃk'ōtuʃ | 'salduʃ]

Por favor, enséñeme ...

Mostre-me, por favor ...
['mɔʃtrɛmɛ, pur fav'or ...]

¿Me puede dar ..., por favor?

Dê-me, por favor ...
['demɛ, pur fav'or ...]

¿Puedo probarmelo?

Posso experimentar?
['pɔsu ɛʃpɛrimēt'ar?]

Perdone, ¿dónde están los probadores?

**Desculpe, onde fica
a cabine de prova?**
[dɛʃk'ulpɛ, 'ōdɛ 'fika
a kab'inɛ dɛ pr'ɔva?]

¿Qué color le gustaría?

Que cor prefere?
[kɛ kor prɛf'ɛrɛ?]

la talla | el largo

tamanho | comprimento
[tam'aɲu | kōprim'ētu]

¿Cómo le queda? (¿Está bien?)

Como lhe fica?
['komu ʎɛ 'fika?]

¿Cuánto cuesta esto?

Quanto é que isto custa?
[ku'ãtu ɛ kɛ 'iʃtu 'kuʃta?]

Es muy caro.

É muito caro.
[ɛ 'muitu 'karu]

Me lo llevo.

Eu fico com ele.
['eu 'fiku kõ 'ɛle]

Perdone, ¿dónde está la caja?	**Desculpe, onde fica a caixa?** [dɛʃk'ulpɛ, 'õdɛ 'fika a 'kajʃa?]
¿Pagará en efectivo o con tarjeta?	**Vai pagar a dinheiro ou com cartão de crédito?** [vaj pag'ar a diɲ'ɛjru o kõ kart'au dɛ kr'ɛditu?]
en efectivo | con tarjeta	**A dinheiro | com cartão de crédito** [a diɲ'ɛjru | kõ kart'au dɛ kr'ɛditu]

¿Quiere el recibo?	**Pretende fatura?** [prɛt'ẽdɛ fat'ura?]
Sí, por favor.	**Sim, por favor.** [sĩ, pur fav'or]
No, gracias.	**Não. Está bem!** ['nau. ɛʃt'a bɛj]
Gracias. ¡Que tenga un buen día!	**Obrigado /Obrigada/.** **Tenha um bom dia!** [ɔbrig'adu /ɔbrig'ada/. 'taɲa ũ bõ 'dia!]

En la ciudad

Perdone, por favor.	**Desculpe, por favor ...** [dɛʃk'ulpɛ, pur fav'or ...]
Busco ...	**Estou à procura ...** [ʃto a prɔk'ura ...]
el metro	**do metro** [du 'mɛtru]
mi hotel	**do meu hotel** [du 'meu ɔt'ɛl]
el cine	**do cinema** [du sin'ema]
una parada de taxis	**da praça de táxis** [da pr'asa dɛ 'taksiʃ]
un cajero automático	**do multibanco** [du multib'äku]
una oficina de cambio	**de uma casa de câmbio** [dɛ 'uma 'kaza dɛ 'käbiu]
un cibercafé	**de um café internet** [dɛ ũ kafɛ'ïtɛrn'ɛtɛ]
la calle ...	**da rua ...** [da 'rua ...]
este lugar	**deste lugar** ['deʃtɛ lug'ar]
¿Sabe usted dónde está ...?	**Sabe dizer-me onde fica ...?** ['sabɛ diz'ermɛ 'õdɛ 'fika ...?]
¿Cómo se llama esta calle?	**Como se chama esta rua?** ['komu sɛ ʃ'ama 'ɛʃta 'rua?]
Muestreme dónde estamos ahora.	**Mostre-me onde estamos de momento.** ['moʃtrɛmɛ 'õdɛ ɛʃt'amuʃ dɛ mum'ẽtu]
¿Puedo llegar a pie?	**Posso ir até lá a pé?** ['pɔsu ir atɛ la a pɛ?]
¿Tiene un mapa de la ciudad?	**Tem algum mapa da cidade?** [tɛj alg'ũ 'mapa da sid'adɛ?]
¿Cuánto cuesta la entrada?	**Quanto custa a entrada?** [ku'ätu 'kuʃta a ẽtr'ada?]
¿Se pueden hacer fotos aquí?	**Pode-se fotografar aqui?** ['podɛsɛ futugraf'ar ak'i?]
¿Está abierto?	**Estão abertos?** [ɛʃt'au ab'ɛrtuʃ?]

¿A qué hora abren?

A que horas abrem?
[a kɛ 'ɔraʃ 'abrɛj?]

¿A qué hora cierran?

A que horas fecham?
[a kɛ 'ɔraʃ 'faʃau?]

Dinero

dinero	**dinheiro** [diɲ'ɛjru]
efectivo	**a dinheiro** [a diɲ'ɛjru]
billetes	**dinheiro de papel** [diɲ'ɛjru dɛ pap'ɛl]
monedas	**troco** [tr'oku]
la cuenta | el cambio | la propina	**conta | troco | gorjeta** ['kõta | tr'oku | gurʒ'eta]
la tarjeta de crédito	**cartão de crédito** [kart'au dɛ kr'ɛditu]
la cartera	**carteira** [kart'ɛjra]
comprar	**comprar** [kõpr'ar]
pagar	**pagar** [pag'ar]
la multa	**multa** ['multa]
gratis	**gratuito** [grat'uitu]
¿Dónde puedo comprar …?	**Onde é que posso comprar …?** ['õdɛ ɛ kɛ 'pɔsu kõpr'ar …?]
¿Está el banco abierto ahora?	**O banco está aberto agora?** [u 'bãku ɛʃt'a ab'ɛrtu ag'ɔra?]
¿A qué hora abre?	**Quando abre?** [ku'ãdu 'abrɛ?]
¿A qué hora cierra?	**Quando fecha?** [ku'ãdu 'faʃa?]
¿Cuánto cuesta?	**Quanto?** [ku'ãtu?]
¿Cuánto cuesta esto?	**Quanto custa isto?** [ku'ãtu 'kuʃta 'iʃtu?]
Es muy caro.	**É muito caro.** [ɛ 'muitu 'karu]
Perdone, ¿dónde está la caja?	**Desculpe, onde fica a caixa?** [dɛʃk'ulpɛ, 'õdɛ 'fika a 'kajʃa?]
La cuenta, por favor.	**A conta, por favor.** [a 'kõta, pur fav'or]

¿Puedo pagar con tarjeta?

Posso pagar com cartão de crédito?
['pɔsu pag'ar kõ kart'au dɛ kr'ɛditu?]

¿Hay un cajero por aquí?

Há algum Multibanco aqui?
['a alg'ũ multib'ãku ak'i?]

Busco un cajero automático.

Estou à procura de um Multibanco.
[ʃto a prɔk'ura dɛ ũ multib'ãku]

Busco una oficina de cambio.

Estou à procura de uma casa de câmbio.
[ʃto a prɔk'ura dɛ 'uma 'kaza dɛ 'kãbiu]

Quisiera cambiar ...

Eu gostaria de trocar ...
['eu guʃtar'ia dɛ truk'ar ...]

¿Cuál es el tipo de cambio?

Qual a taxa de câmbio?
[ku'al a 'taʃa dɛ 'kãbiu?]

¿Necesita mi pasaporte?

Precisa do meu passaporte?
[prɛs'iza du 'meu pasap'ɔrtɛ?]

Tiempo

¿Qué hora es?	**Que horas são?** [kɛ 'ɔraʃ 'sau?]
¿Cuándo?	**Quando?** [ku'ãdu?]
¿A qué hora?	**A que horas?** [a kɛ 'ɔraʃ?]
ahora | luego | después de ...	**agora | mais tarde | depois ...** [ag'ɔra | 'maiʃ 'tardɛ | dɛp'oiʃ ...]
la una	**uma em ponto** ['uma ɛj 'põtu]
la una y cuarto	**uma e quinze** ['uma i 'kĩzɛ]
la una y medio	**uma e trinta** ['uma i tr̃ita]
las dos menos cuarto	**uma e quarenta e cinco** ['uma i kuar'ẽta i 'sĩku]
una | dos | tres	**um | dois | três** [ũ | 'doiʃ | treʃ]
cuatro | cinco | seis	**quatro | cinco | seis** [ku'atru | 'sĩku | 'sɛiʃ]
siete | ocho | nueve	**sete | oito | nove** ['sɛtɛ | 'ojtu | 'nɔvɛ]
diez | once | doce	**dez | onze | doze** [dɛʃ | 'õzɛ | 'dozɛ]
en ...	**dentro de ...** ['dẽtru dɛ ...]
cinco minutos	**5 minutos** ['sĩku min'utuʃ]
diez minutos	**10 minutos** [dɛʃ min'utuʃ]
quince minutos	**15 minutos** ['kĩzɛ min'utuʃ]
veinte minutos	**20 minutos** ['vĩtɛ min'utuʃ]
media hora	**meia hora** ['mɛja 'ɔra]
una hora	**uma hora** ['uma 'ɔra]
por la mañana	**de manhã** [dɛ maɲ'ã]

por la mañana temprano	**de manhã cedo** [dɛ maɲ'ã 'sedu]
esta mañana	**esta manhã** ['ɛʃta maɲ'ã]
mañana por la mañana	**amanhã de manhã** [amaɲ'ã dɛ maɲ'ã]

al mediodía	**ao meio-dia** ['au mɛjud'ia]
por la tarde	**à tarde** [a 'tardɛ]
por la noche	**à noite** [a 'nojtɛ]
esta noche	**esta noite** ['ɛʃta 'nojtɛ]

por la noche	**à noite** [a 'nojtɛ]
ayer	**ontem** ['õtɛj uʃ]
hoy	**hoje** ['oʒɛ]
mañana	**amanhã** [amaɲ'ã]
pasado mañana	**depois de amanhã** [dɛp'ojʃ dɛ amaɲ'ã]

¿Qué día es hoy?	**Que dia é hoje?** [kɛ 'dia ɛ 'oʒɛ?]
Es …	**Hoje é …** ['oʒɛ ɛ …]
lunes	**segunda-feira** [sɛ'gũda 'fɛjra]
martes	**terça-feira** [tersa 'fɛjra]
miércoles	**quarta-feira** [kuarta 'fɛjra]

jueves	**quinta-feira** [kĩta 'fɛjra]
viernes	**sexta-feira** [saʃta 'fɛjra]
sábado	**sábado** ['sabadu]
domingo	**domingo** [dum'igu]

Saludos. Presentaciones.

Hola.	**Olá!** [ɔl'a!]
Encantado /Encantada/ de conocerle.	**Prazer em conhecê-lo /conhecê-la/.** [praz'er ɛj kuɲɛs'elu /kuɲɛs'ela/]
Yo también.	**O prazer é todo meu.** [u praz'er ɛ 'todu 'meu]
Le presento a …	**Apresento-lhe …** [aprɛz'ẽtuʎɛ …]
Encantado.	**Muito prazer.** ['muitu praz'er]

¿Cómo está?	**Como está?** ['komu ɛʃt'a?]
Me llamo …	**Chamo-me …** ['ʃamumɛ …]
Se llama …	**Ele chama-se …** ['ɛle ʃamasɛ …]
Se llama …	**Ela chama-se …** ['ɛla ʃamasɛ …]
¿Cómo se llama (usted)?	**Como é que o senhor /a senhora/ se chama?** ['komu ɛ kɛ u sɛɲ'or /a sɛɲ'ora/ sɛ ʃ'ama?]
¿Cómo se llama (él)?	**Como é que ela se chama?** ['komu ɛ kɛ 'ɛla sɛ ʃ'ama?]
¿Cómo se llama (ella)?	**Como é que ela se chama?** ['komu ɛ kɛ 'ɛla sɛ ʃ'ama?]

¿Cuál es su apellido?	**Qual o seu apelido?** [ku'al u 'seu apɛl'idu?]
Puede llamarme …	**Pode chamar-me …** ['pɔdɛ ʃam'armɛ …]
¿De dónde es usted?	**De onde é?** [dɛ 'õdɛ ɛ?]
Yo soy de ….	**Sou de …** [so dɛ …]
¿A qué se dedica?	**O que faz na vida?** [u kɛ faʃ na 'vida?]

¿Quién es?	**Quem é este?** [kɛj ɛ 'eʃtɛ?]
¿Quién es él?	**Quem é ele?** [kɛj ɛ 'ɛle?]

¿Quién es ella?	**Quem é ela?** [kɛj ɛ 'ɛla?]
¿Quiénes son?	**Quem são eles?** [kɛj 'sau 'ɛleʃ?]

Este es ...	**Este é ...** ['eʃtɛ ɛ ...]
mi amigo	**o meu amigo** [u 'meu am'igu]
mi amiga	**a minha amiga** [a 'miɲa am'iga]
mi marido	**o meu marido** [u 'meu mar'idu]
mi mujer	**a minha mulher** [a 'miɲa muʎ'ɛr]

mi padre	**o meu pai** [u 'meu 'paj]
mi madre	**a minha mãe** [a 'miɲa mɛj]
mi hermano	**o meu irmão** [u 'meu irm'au]
mi hermana	**a minha irmã** [a 'miɲa irm'ã]
mi hijo	**o meu filho** [u 'meu 'fiʎu]
mi hija	**a minha filha** [a 'miɲa 'fiʎa]

Este es nuestro hijo.	**Este é o nosso filho.** ['eʃtɛ ɛ u 'nɔsu 'fiʎu]
Esta es nuestra hija.	**Este é a nossa filha.** ['eʃtɛ ɛ a 'nɔsa 'fiʎa]
Estos son mis hijos.	**Estes são os meus filhos.** ['eʃtɛʃ 'sau uʃ 'meuʃ 'fiʎuʃ]
Estos son nuestros hijos.	**Estes são os nossos filhos.** ['eʃtɛʃ 'sau uʃ 'nɔsuʃ 'fiʎuʃ]

Despedidas

¡Adiós!	**Adeus!** [ad'ɛuʃ]
¡Chau!	**Tchau!** [tʃ'au!]
Hasta mañana.	**Até amanhã.** [at'ɛ amaɲ'ã]
Hasta pronto.	**Até breve.** [at'ɛ br'ɛvɛ]
Te veo a las siete.	**Até às sete.** [at'ɛ aʃ 'sɛtɛ]

¡Que se diviertan!	**Diverte-te!** [div'ɛrtɛtɛ!]
Hablamos más tarde.	**Falamos mais tarde.** [fal'amuʃ 'maiʃ 'tardɛ]
Que tengas un buen fin de semana.	**Bom fim de semana.** [bõ fi dɛ sɛm'ana]
Buenas noches.	**Boa noite.** ['boa 'nojtɛ]

Es hora de irme.	**Está na hora.** [ɛʃt'a na 'ɔra]
Tengo que irme.	**Preciso de ir embora.** [prɛs'izu dɛ ir ẽb'ɔra]
Ahora vuelvo.	**Volto já.** ['vɔltu ʒa]

Es tarde.	**Já é tarde.** [ʒa ɛ 'tardɛ]
Tengo que levantarme temprano.	**Tenho de me levantar cedo.** ['tɛɲu dɛ mɛ lɛvãt'ar 'sedu]
Me voy mañana.	**Vou-me embora amanhã.** ['vomɛ ẽb'ɔra amaɲ'ã]
Nos vamos mañana.	**Vamos embora amanhã.** ['vamuʃ ẽb'ɔra amaɲ'ã]

¡Que tenga un buen viaje!	**Boa viagem!** ['boa vj'aʒɛj!]
Ha sido un placer.	**Tive muito prazer em conhecer-vos.** ['tivɛ 'muitu praz'er ɛj kuɲɛs'ervuʃ]
Fue un placer hablar con usted.	**Foi muito agradável falar consigo.** [foj 'muitu agrad'avɛl fal'ar kõs'igu]
Gracias por todo.	**Obrigado /Obrigada/ por tudo.** [ɔbrig'adu /ɔbrig'ada/ pur 'tudu]

Lo he pasado muy bien.

Passei um tempo muito agradável.
[pas'ɛj ũ 'tẽpu 'muitu agrad'avɛl]

Lo pasamos muy bien.

Passámos um tempo muito agradável.
[pas'amuʃ ũ 'tẽpu 'muitu agrad'avɛl]

Fue genial.

Foi mesmo fantástico.
[foj 'meʒmu fãt'aʃtiku]

Le voy a echar de menos.

Vou ter saudades suas.
[vo ter saud'adɛʃ 'suaʃ]

Le vamos a echar de menos.

Vamos ter saudades suas.
['vamuʃ ter saud'adɛʃ 'suaʃ]

¡Suerte!

Boa sorte!
['boa 'sɔrtɛ!]

Saludos a ...

Dê cumprimentos a ...
[de kũprim'ẽtuʃ a ...]

Idioma extranjero

No entiendo.	**Eu não entendo.** ['eu 'nau ẽt'ẽdu]
Escríbalo, por favor.	**Escreva isso, por favor.** [ɛʃkr'eva 'isu, pur fav'or]
¿Habla usted …?	**O senhor /a senhora/ fala …?** [u sɛɲ'or /a sɛɲ'ora/ 'fala …?]

Hablo un poco de …	**Eu falo um pouco de …** ['eu 'falu ũ 'poku dɛ …]
inglés	**Inglês** [igl'eʃ]
turco	**Turco** ['turku]
árabe	**Árabe** ['arabɛ]
francés	**Francês** [frãs'eʃ]

alemán	**Alemão** [alɛm'au]
italiano	**Italiano** [italj'anu]
español	**Espanhol** [ɛʃpaɲ'ɔl]
portugués	**Português** [purtug'eʃ]
chino	**Chinês** [ʃin'eʃ]
japonés	**Japonês** [ʒapun'eʃ]

¿Puede repetirlo, por favor?	**Pode repetir isso, por favor.** ['pɔdɛ rɛpɛt'ir 'isu, pur fav'or]
Lo entiendo.	**Compreendo.** [kõprj'ẽdu]
No entiendo.	**Eu não entendo.** ['eu 'nau ẽt'ẽdu]
Hable más despacio, por favor.	**Por favor fale mais devagar.** [pur fav'or 'falɛ 'maiʃ dɛvag'ar]

¿Está bien?	**Isso está certo?** ['isu ɛʃt'a 'sɛrtu?]
¿Qué es esto? (¿Que significa esto?)	**O que é isto?** [u kɛ ɛ 'iʃtu?]

Disculpas

Perdone, por favor.

Desculpe-me, por favor.
[dɛʃkʼulpɛmɛ, pur favʼor]

Lo siento.

Lamento.
[lamʼẽtu]

Lo siento mucho.

Tenho muita pena.
[ˈtɛɲu ˈmuita ˈpena]

Perdón, fue culpa mía.

Desculpe, a culpa é minha.
[dɛʃkʼulpɛ, a ˈkulpa ɛ ˈmiɲa]

Culpa mía.

O erro foi meu.
[u ˈeru foj ˈmeu]

¿Puedo ...?

Posso ...?
[ˈpɔsu ...?]

¿Le molesta si ...?

O senhor /a senhora/ não se importa se eu ...?
[u sɛɲʼor /a sɛɲʼora/ ˈnau sɛ ip̃ˈɔrta sɛ ˈeu ...?]

¡No hay problema! (No pasa nada.)

Não faz mal.
[ˈnau faʃ mal]

Todo está bien.

Está tudo em ordem.
[ɛʃtʼa ˈtudu ɛj ˈɔrdɛj]

No se preocupe.

Não se preocupe.
[ˈnau sɛ priɔkʼupɛ]

Acuerdos

Sí. | **Sim.**
[sĩ]

Sí, claro. | **Sim, claro.**
[sĩ, kl'aru]

Bien. | **Está bem!**
[ɛʃt'a bɛj!]

Muy bien. | **Muito bem.**
['muitu bɛj]

¡Claro que sí! | **Claro!**
[kl'aru!]

Estoy de acuerdo. | **Concordo.**
[kõk'ɔrdu]

Es verdad. | **Certo.**
['sɛrtu]

Es correcto. | **Correto.**
[kur'ɛtu]

Tiene razón. | **Tem razão.**
[tɛj raz'au]

No me molesta. | **Eu não me oponho.**
['eu 'nau mɛ ɔp'oɲu]

Es completamente cierto. | **Absolutamente certo.**
[absulutam'ẽtɛ 'sɛrtu]

Es posible. | **É possível.**
[ɛ pus'ivɛl]

Es una buena idea. | **É uma boa ideia.**
[ɛ 'uma 'boa id'ɛja]

No puedo decir que no. | **Não posso recusar.**
['nau 'pɔsu rɛkuz'ar]

Estaré encantado /encantada/. | **Terei muito gosto.**
[tɛr'ɛj 'muitu 'goʃtu]

Será un placer. | **Com prazer.**
[kõ praz'er]

Rechazo. Expresar duda

No.

Não.
['nau]

Claro que no.

Claro que não.
[kl'aru kɛ 'nau]

No estoy de acuerdo.

Não concordo.
['nau kõk'ɔrdu]

No lo creo.

Não creio.
['nau kr'ɛju]

No es verdad.

Isso não é verdade.
['isu 'nau ɛ vɛrd'adɛ]

No tiene razón.

O senhor /a senhora/ não tem razão.
[u sɛɲ'or /a sɛɲ'ora/ 'nau tɛj raz'au]

Creo que no tiene razón.

**Acho que o senhor /a senhora/
não tem razão.**
['aʃu kɛ u sɛɲ'or /a sɛɲ'ora/
'nau tɛj raz'au]

No estoy seguro /segura/.

Não tenho a certeza.
['nau 'tɛɲu a sɛrt'eza]

No es posible.

É impossível.
[ɛ ĩpus'ivɛl]

¡Nada de eso!

De modo algum!
[dɛ 'mɔdu alg'ũ!]

Justo lo contrario.

Exatamente o contrário.
[ezatam'ẽtɛ u kõtr'ariu]

Estoy en contra de ello.

Sou contra.
[so 'kõtra]

No me importa. (Me da igual.)

Não me importo.
['nau mɛ ĩp'ɔrtu]

No tengo ni idea.

Não faço ideia.
['nau 'fasu id'ɛja]

Dudo que sea así.

Não creio.
['nau kr'ɛju]

Lo siento, no puedo.

Desculpe, mas não posso.
[dɛʃk'ulpɛ, maʃ 'nau 'pɔsu]

Lo siento, no quiero.

Desculpe, mas não quero.
[dɛʃk'ulpɛ, maʃ 'nau 'kɛru]

Gracias, pero no lo necesito.

Desculpe, não quero isso.
[dɛʃk'ulpɛ, 'nau 'kɛru 'isu]

Ya es tarde.

Já é muito tarde.
[ʒa ɛ 'muitu 'tardɛ]

Tengo que levantarme temprano.

Tenho de me levantar cedo.
['tɛɲu dɛ mɛ lɛvãt'ar 'sedu]

Me encuentro mal.

Não me sinto bem.
['nau mɛ 'sĩtu bɛj]

Expresar gratitud

Gracias.	**Obrigado /Obrigada/.** [ɔbrig'adu /ɔbrig'ada/]
Muchas gracias.	**Muito obrigado /obrigada/.** ['muitu ɔbrig'adu /ɔbrig'ada/]
De verdad lo aprecio.	**Fico muito grato /grata/.** [fⁱiku 'muitu gr'atu /gr'ata/]
Se lo agradezco.	**Estou-lhe muito reconhecido.** [ʃtoʎɛ 'muitu rɛkuɲɛs'idu]
Se lo agradecemos.	**Estamos-lhe muito reconhecidos.** [ɛʃt'amuʒʎɛ 'muitu rɛkuɲɛs'iduʃ]

Gracias por su tiempo.	**Obrigado /Obrigada/ pelo seu tempo.** [ɔbrig'adu /ɔbrig'ada/ 'pelu 'seu 'tẽpu]
Gracias por todo.	**Obrigado /Obrigada/ por tudo.** [ɔbrig'adu /ɔbrig'ada/ pur 'tudu]
Gracias por …	**Obrigado /Obrigada/ …** [ɔbrig'adu /ɔbrig'ada/ …]
su ayuda	**… pela sua ajuda** [… 'pela 'sua aʒ'uda]
tan agradable momento	**… por este tempo bem passado** [… 'pur 'eʃtɛ 'tẽpu bɛj pas'adu]

una comida estupenda	**… pela comida deliciosa** [… 'pela kum'ida dɛlisj'ɔza]
una velada tan agradable	**… por esta noite agradável** [… pur 'ɛʃta 'nojtɛ agrad'avɛl]
un día maravilloso	**… pelo dia maravilhoso** [… 'pelu 'dia maraviʎ'ozu]
un viaje increíble	**… pela jornada fantástica** [… 'pela ʒurn'ada fãt'aʃtika]

No hay de qué.	**Não tem de quê.** ['nau tɛj dɛ ke]
De nada.	**Não precisa agradecer.** ['nau prɛs'iza agradɛs'er]
Siempre a su disposición.	**Disponha sempre.** [diʃp'oɲa 'sẽprɛ]
Encantado /Encantada/ de ayudarle.	**Foi um prazer ajudar.** ['foj ũ praz'er aʒud'ar]
No hay de qué.	**Esqueça isso.** [ɛʃk'esa 'isu]
No tiene importancia.	**Não se preocupe.** ['nau sɛ priɔk'upɛ]

Felicitaciones , Mejores Deseos

¡Felicidades!	**Parabéns!** [parab'ɛjʃ]
¡Feliz Cumpleaños!	**Feliz aniversário!** [fɛl'iʃ anivɛrs'ariu!]
¡Feliz Navidad!	**Feliz Natal!** [fɛl'iʃ nat'al!]
¡Feliz Año Nuevo!	**Feliz Ano Novo!** [fɛl'iʃ 'anu 'novu!]

¡Felices Pascuas!	**Feliz Páscoa!** [fɛl'iʃ 'paʃkua!]
¡Feliz Hanukkah!	**Feliz Hanukkah!** [fɛl'iʃ an'ukka!]

Quiero brindar.	**Gostaria de fazer um brinde.** [guʃtar'ia dɛ faz'er ũ br"idɛ]
¡Salud!	**Saúde!** [sa'udɛ!]
¡Brindemos por ...!	**Bebamos a ...!** [bɛb'amuʃ a ...!]
¡A nuestro éxito!	**Ao nosso sucesso!** [au 'nɔsu sus'ɛsu!]
¡A su éxito!	**Ao vosso sucesso!** [au 'vɔsu sus'ɛsu!]

¡Suerte!	**Boa sorte!** ['boa 'sɔrtɛ!]
¡Que tenga un buen día!	**Tenha um bom dia!** ['tɛɲa ũ bõ 'dia!]
¡Que tenga unas buenas vacaciones!	**Tenha um bom feriado!** ['tɛɲa ũ bõ fɛrj'adu!]
¡Que tenga un buen viaje!	**Tenha uma viagem segura!** ['tɛɲa 'uma vj'aʒɛj sɛg'ura!]
¡Espero que se recupere pronto!	**Espero que melhore em breve!** [ɛʃp'ɛru kɛ mɛʎ'ɔrɛ ɛj br'ɛvɛ!]

Socializarse

¿Por qué está triste?	**Porque é que está chateado /chateada/?** ['purkɛ ɛ kɛ ɛʃt'a ʃatj'adu /ʃatj'ada/?]
¡Sonría! ¡Anímese!	**Sorria!** [sur'ia!]
¿Está libre esta noche?	**Está livre esta noite?** [ɛʃt'a 'livrɛ 'ɛʃta 'nojtɛ?]

¿Puedo ofrecerle algo de beber?	**Posso oferecer-lhe algo para beber?** ['posu ɔfɛrɛs'erʎɛ 'algu 'para bɛb'er?]
¿Querría bailar conmigo?	**Você quer dançar?** [vɔs'e kɛr dãs'ar?]
Vamos a ir al cine.	**Vamos ao cinema.** ['vamuʃ 'au sin'ema]

¿Puedo invitarle a ...?	**Gostaria de a convidar para ir ...** [guʃtar'ia dɛ a kõvid'ar 'para ir ...]
un restaurante	**ao restaurante** ['au rɛʃtaur'ãtɛ]
el cine	**ao cinema** ['au sin'ema]
el teatro	**ao teatro** ['au te'atru]
dar una vuelta	**passear** [pase'ar]

¿A qué hora?	**A que horas?** [a kɛ 'oraʃ?]
esta noche	**hoje à noite** ['oʒɛ a 'nojtɛ]
a las seis	**às 6 horas** [aʃ 'sajʃ 'oraʃ]
a las siete	**às 7 horas** [aʃ 'sɛtɛ 'oraʃ]
a las ocho	**às 8 horas** [aʃ 'ojtu 'oraʃ]
a las nueve	**às 9 horas** [aʃ 'novɛ 'oraʃ]

¿Le gusta este lugar?	**Gosta deste local?** ['gɔʃta 'deʃtɛ luk'al?]
¿Está aquí con alguien?	**Está com alguém?** [ɛʃt'a kõ alg'ɐ̃j?]

Estoy con mi amigo /amiga/.	**Estou com o meu amigo.** [ʃto kõ u 'meu am'igu]
Estoy con amigos.	**Estou com os meus amigos.** [ʃto kõ uʃ 'meuʃ am'iguʃ]
No, estoy solo /sola/.	**Não, estou sozinho /sozinha/.** ['nau, ɛʃt'o sɔz'iɲu /sɔz'iɲa/]

¿Tienes novio?	**Tens namorado?** [tɛjʃ namur'adu?]
Tengo novio.	**Tenho namorado.** ['tɛɲu namur'adu]
¿Tienes novia?	**Tens namorada?** [tɛjʃ namur'ada?]
Tengo novia.	**Tenho namorada.** ['tɛɲu namur'ada]

¿Te puedo volver a ver?	**Posso voltar a ver-te?** ['pɔsu vɔlt'ar a 'vertɛ?]
¿Te puedo llamar?	**Posso ligar-te?** ['pɔsu lig'artɛ?]
Llámame.	**Liga-me.** ['ligamɛ]
¿Cuál es tu número?	**Qual é o teu número?** [ku'al ɛ u 'teu 'numɛru?]
Te echo de menos.	**Tenho saudades tuas.** ['tɛɲu saud'adɛʃ 'tuaʃ]

¡Qué nombre tan bonito!	**Tem um nome muito bonito.** [tɛj ũ 'nomɛ 'muitu bun'itu]
Te quiero.	**Amo-te.** ['amutɛ]
¿Te casarías conmigo?	**Quer casar comigo?** [kɛr kaz'ar kum'igu?]
¡Está de broma!	**Você está a brincar!** [vɔs'e ɛʃt'a a bɾik'ar!]
Sólo estoy bromeando.	**Estou só a brincar.** [ʃto sɔ a bɾik'ar]

¿En serio?	**Está a falar a sério?** [ɛʃt'a a fal'ar a 'sɛriu?]
Lo digo en serio.	**Estou a falar a sério.** [ʃto a fal'ar a 'sɛriu]
¿De verdad?	**De verdade?!** [dɛ vɛrd'adɛ?!]
¡Es increíble!	**Incrível!** [ĩkr'ivɛl]
No le creo.	**Não acredito.** ['nau akrɛd'itu]
No puedo.	**Não posso.** ['nau 'pɔsu]
No lo sé.	**Não sei.** ['nau sɛj]

No le entiendo.

Não entendo o que está a dizer.
['nau ẽt'ẽdu u kɛ ɛʃt'a a diz'er]

Váyase, por favor.

Saia, por favor.
['saja, pur fav'or]

¡Déjeme en paz!

Deixe-me em paz!
['dajʃɛmɛ ɛj paʃ!]

Es inaguantable.

Eu não o suporto.
['eu 'nau u sup'ɔrtu]

¡Es un asqueroso!

Você é detestável!
[vɔs'e ɛ dɛtɛʃt'avɛl!]

¡Llamaré a la policía!

Vou chamar a polícia!
[vo ʃam'ar a pul'isia!]

Compartir impresiones. Emociones

Me gusta. | **Gosto disto.**
['goʃtu 'diʃtu]

Muy lindo. | **É muito simpático.**
[ɛ 'muitu sĩp'atiku]

¡Es genial! | **Fixe!**
[fˈiʃɛ!]

No está mal. | **Não é mau.**
['nau ɛ 'mau]

No me gusta. | **Não gosto disto.**
['nau 'goʃtu 'diʃtu]

No está bien. | **Isso não está certo.**
['isu 'nau ɛʃ'a 'sɛrtu]

Está mal. | **Isso é mau.**
['isu ɛ 'mau]

Está muy mal. | **Isso é muito mau.**
['isu ɛ 'muitu 'mau]

¡Qué asco! | **Isso é asqueroso.**
['isu ɛ aʃkɛr'ozu]

Estoy feliz. | **Estou feliz.**
[ʃto fɛl'iʃ]

Estoy contento /contenta/. | **Estou contente.**
[ʃto kõt'ẽtɛ]

Estoy enamorado /enamorada/. | **Estou apaixonado /apaixonada/.**
[ʃto apajʃun'adu /apajʃun'ada/]

Estoy tranquilo. | **Estou calmo /calma/.**
[ʃto 'kalmu /k'alma/]

Estoy aburrido. | **Estou aborrecido /aborrecida/.**
[ʃto aburɛs'idu /aburɛs'ida/]

Estoy cansado /cansada/. | **Estou cansado /cansada/.**
[ʃto kãs'adu /kãs'ada/]

Estoy triste. | **Estou triste.**
[ʃto tr'iʃtɛ]

Estoy asustado. | **Estou apavorado /apavorada/.**
[ʃto apavur'adu /apavur'ada/]

Estoy enfadado /enfadada/. | **Estou zangado /zangada/.**
[ʃto zãg'adu /zãg'ada/]

Estoy preocupado /preocupada/. | **Estou preocupado /preocupada/.**
[ʃto priɔkup'adu /priɔkup'ada/]

Estoy nervioso /nerviosa/. | **Estou nervoso /nervosa/.**
[ʃto nɛrv'ozu /nɛrv'ɔza/]

Estoy celoso /celosa/.

Estou ciumento /ciumenta/.
[ʃto sium'ẽtu /sium'ẽta/]

Estoy sorprendido /sorprendida/.

Estou surpreendido /surpreendida/.
[ʃto surpriẽd'idu /surpriẽd'ida/]

Estoy perplejo /perpleja/.

Estou perplexo /perplexa/.
[ʃto pɛrpl'ɛksu /pɛrpl'ɛksa/]

Problemas, Accidentes

Tengo un problema.	**Tenho um problema.** ['tɛɲu ũ prubl'ema]
Tenemos un problema.	**Temos um problema.** ['tɛmuʃ ũ prubl'ema]
Estoy perdido /perdida/.	**Estou perdido.** [ʃto pɛrd'idu]
Perdi el último autobús (tren).	**Perdi o último autocarro (comboio).** [pɛrd'i u 'ultimu autɔk'aru (kõb'ɔju).]
No me queda más dinero.	**Não me resta nenhum dinheiro.** ['nau mɛ 'rɛʃta nɛɲ'ũ diɲ'ɛjru]

He perdido …	**Eu perdi …** ['eu pɛrd'i …]
Me han robado …	**Roubaram-me …** [rob'aramɛ …]
mi pasaporte	**o meu passaporte** [u 'meu pasap'ɔrtɛ]
mi cartera	**a minha carteira** [a 'miɲa kart'ɛjra]
mis papeles	**os meus papéis** ['meuʃ pap'ɛjʃ]
mi billete	**o meu bilhete** [u 'meu biʎ'etɛ]

mi dinero	**o dinheiro** [u diɲ'ɛjru]
mi bolso	**a minha mala** [a 'miɲa 'mala]
mi cámara	**a minha câmara** [a 'miɲa 'kamara]
mi portátil	**o meu computador** [u 'meu kõputad'or]
mi tableta	**o meu tablet** [u 'meu tabl'et]
mi teléfono	**o meu telemóvel** [u 'meu tɛlɛm'ɔvɛl]

¡Ayúdeme!	**Ajude-me!** [aʒ'udɛmɛ!]
¿Qué pasó?	**O que é que aconteceu?** [u kɛ ɛ kɛ akõtɛs'eu?]
el incendio	**fogo** [f'ogu]

un tiroteo	**tiroteio** [tirut'ɛju]
el asesinato	**assassínio** [asas'iniu]
una explosión	**explosão** [ɛʃpluz'au]
una pelea	**briga** [br'iga]

¡Llame a la policía!	**Chame a polícia!** ['ʃamɛ a pul'isia!]
¡Más rápido, por favor!	**Mais depressa, por favor!** ['maiʃ dɛpr'ɛsa, pur fav'or!]
Busco la comisaría.	**Estou à procura de uma** **esquadra de polícia.** [ʃto a prɔk'ura dɛ 'uma ɛʃku'adra dɛ pul'isia]
Tengo que hacer una llamada.	**Preciso de telefonar.** [prɛs'izu dɛ tɛlɛfun'ar]
¿Puedo usar su teléfono?	**Posso telefonar?** ['pɔsu tɛlɛfun'ar?]

Me han ...	**Fui ...** [fui ...]
asaltado /asaltada/	**assaltado /assaltada/** [asalt'adu /asalt'ada/]
robado /robada/	**roubado /roubada/** [rob'adu /rob'ada/]
violada	**violada** [viul'ada]
atacado /atacada/	**atacado /atacada/** [atak'adu /atak'ada/]

¿Se encuentra bien?	**Está tudo bem consigo?** [ɛʃt'a 'tudu bɛj kõs'igu?]
¿Ha visto quien a sido?	**Viu quem foi?** ['viu kɛj foj?]
¿Sería capaz de reconocer a la persona?	**Seria capaz de reconhecer a pessoa?** [sɛr'ia kap'aʃ dɛ rɛkuɲɛs'er a pɛs'oa?]
¿Está usted seguro?	**Tem a certeza?** [tɛj a sɛrt'eza?]

Por favor, cálmese.	**Acalme-se, por favor.** [ak'almɛsɛ, pur fav'or]
¡Cálmese!	**Calma!** ['kalma!]
¡No se preocupe!	**Não se preocupe.** ['nau sɛ priɔk'upɛ]
Todo irá bien.	**Vai ficar tudo bem.** [vaj fik'ar 'tudu bɛj]
Todo está bien.	**Está tudo em ordem.** [ɛʃt'a 'tudu ɛj 'ɔrdɛj]

Venga aquí, por favor.

Chegue aqui, por favor.
['ʃegɛ ak'l, pur fav'or]

Tengo unas preguntas para usted.

**Tenho algumas questões
a colocar-lhe.**
['tɛɲu alg'umaʃ kɛʃt'õjʃ
a kuluk'arʎɛ]

Espere un momento, por favor.

Aguarde um momento, por favor.
[agu'ardɛ ũ mum'ẽtu, pur fav'or]

¿Tiene un documento de identidad?

Tem alguma identificação?
[tɛj alg'uma idẽtifikas'au?]

Gracias. Puede irse ahora.

Obrigado. Pode ir.
[ɔbrig'adu. 'pɔdɛ ir]

¡Manos detrás de la cabeza!

Mãos atrás da cabeça!
['mauʃ atr'aʃ da kab'esa!]

¡Está arrestado!

Você está preso!
[vɔs'e ɛʃt'a pr'ezu!]

Problemas de salud

Ayudeme, por favor.

Ajude-me, por favor.
[aʒ'udɛmɛ, pur fav'or]

No me encuentro bien.

Não me sinto bem.
['nau mɛ 'sĩtu bɛj]

Mi marido no se encuentra bien.

O meu marido não se sente bem.
[u 'meu mar'idu 'nau sɛ 'sẽtɛ bɛj]

Mi hijo ...

O meu filho ...
[u 'meu 'fiʎu ...]

Mi padre ...

O meu pai ...
[u 'meu 'paj ...]

Mi mujer no se encuentra bien.

A minha mulher não se sente bem.
[a 'miɲa muʎ'ɛr 'nau sɛ 'sẽtɛ bɛj]

Mi hija ...

A minha filha ...
[a 'miɲa 'fiʎa ...]

Mi madre ...

A minha mãe ...
[a 'miɲa 'mɛj ...]

Me duele ...

Tenho uma ...
['tɛɲu 'uma ...]

la cabeza

dor de cabeça
[dor dɛ kab'esa]

la garganta

dor de garganta
[dor dɛ garg'ãta]

el estómago

dor de barriga
[dor dɛ bar'iga]

un diente

dor de dentes
[dor dɛ 'dẽtɛʃ]

Estoy mareado.

Estou com tonturas.
[ʃto kõ tõt'uraʃ]

Él tiene fiebre.

Ele está com febre.
['ɛle ɛʃt'a kõ 'fɛbrɛ]

Ella tiene fiebre.

Ela está com febre.
['ɛla ɛʃt'a kõ 'fɛbrɛ]

No puedo respirar.

Não consigo respirar.
['nau kõs'igu rɛʃpir'ar]

Me ahogo.

Estou a sufocar.
[ʃto a sufuk'ar]

Tengo asma.

Sou asmático /asmática/.
[so aʒm'atiku /aʒm'atika/]

Tengo diabetes.

Sou diabético /diabética/.
[so diab'ɛtiku /diab'ɛtika/]

No puedo dormir.	**Estou com insónia.** [ʃto kõˈisˈɔnia]
intoxicación alimentaria	**intoxicação alimentar** [itɔksikasˈau alimɛ̃tˈar]

Me duele aquí.	**Dói aqui.** [dɔj akˈi]
¡Ayúdeme!	**Ajude-me!** [aʒˈudɛmɛ!]
¡Estoy aquí!	**Estou aqui!** [ʃto akˈi!]
¡Estamos aquí!	**Estamos aqui!** [ɛʃtˈamuʃ akˈi!]
¡Saquenme de aquí!	**Tirem-me daqui!** [ˈtirɛjmɛ dakˈi!]
Necesito un médico.	**Preciso de um médico.** [prɛsˈizu dɛ ũ ˈmɛdiku]
No me puedo mover.	**Não me consigo mexer.** [ˈnau mɛ kõsˈigu mɛʃˈer]
No puedo mover mis piernas.	**Não consigo mover as pernas.** [ˈnau kõsˈigu muvˈer aʃ ˈpɛrnaʃ]

Tengo una herida.	**Estou ferido.** [ʃto fɛrˈidu]
¿Es grave?	**É grave?** [ɛ grˈavɛ?]
Mis documentos están en mi bolsillo.	**Tenho os documentos no bolso.** [ˈtɛɲu uʃ dukumˈɛ̃tuʃ nu ˈbolsu]
¡Cálmese!	**Acalme-se!** [akˈalmɛsɛ!]
¿Puedo usar su teléfono?	**Posso telefonar?** [ˈpɔsu tɛlɛfunˈar?]

¡Llame a una ambulancia!	**Chame a ambulância!** [ˈʃamɛ a ãbulˈãsia!]
¡Es urgente!	**É urgente!** [ɛ urʒˈẽtɛ!]
¡Es una emergencia!	**É uma emergência!** [ɛ ˈuma emɛrʒˈẽsia!]
¡Más rápido, por favor!	**Mais depressa, por favor!** [ˈmaiʃ dɛprˈɛsa, pur favˈor!]
¿Puede llamar a un médico, por favor?	**Chame o médico, por favor.** [ˈʃamɛ u ˈmɛdiku, pur favˈor]
¿Dónde está el hospital?	**Onde fica o hospital?** [ˈõdɛ ˈfika u ɔʃpitˈal?]

¿Cómo se siente?	**Como se sente?** [ˈkomu sɛ ˈsẽtɛ?]
¿Se encuentra bien?	**Está tudo bem consigo?** [ɛʃtˈa ˈtudu bɛj kõsˈigu?]
¿Qué pasó?	**O que é que aconteceu?** [u kɛ ɛ kɛ akõtɛsˈeu?]

Me encuentro mejor.

Já me sinto melhor.
[ʒa mɛ 'sĩtu mɛʎ'ɔr]

Está bien.

Está tudo em ordem.
[ɛʃt'a 'tudu ɛj 'ɔrdɛj]

Todo está bien.

Tubo bem.
['tubu bɛj]

En la farmacia

la farmacia	**farmácia** [farm'asia]
la farmacia 24 horas	**farmácia de serviço** [farm'asia dɛ sɛrv'isu]
¿Dónde está la farmacia más cercana?	**Onde fica a farmácia mais próxima?** ['õdɛ 'fika a farm'asia 'maiʃ pr'ɔsima?]

¿Está abierta ahora?	**Está aberto agora?** [ɛʃt'a ab'ɛrtu ag'ɔra?]
¿A qué hora abre?	**A que horas abre?** [a kɛ 'ɔraʃ 'abrɛ?]
¿A qué hora cierra?	**A que horas fecha?** [a kɛ 'ɔraʃ 'faʃa?]

¿Está lejos?	**Fica longe?** [f'ika 'lõʒɛ?]
¿Puedo llegar a pie?	**Posso ir até lá a pé?** ['pɔsu ir atɛ la a pɛ?]
¿Puede mostrarme en el mapa?	**Pode-me mostrar no mapa?** ['pɔdɛmɛ muʃtr'ar nu 'mapa?]

Por favor, deme algo para ...	**Por favor dê-me algo para ...** [pur fav'or 'demɛ 'algu 'para ...]
un dolor de cabeza	**as dores de cabeça** [aʃ 'dorɛʃ dɛ kab'esa]
la tos	**a tosse** [a 'tɔsɛ]
el resfriado	**o resfriado** [u Reʃfri'adu]
la gripe	**a gripe** [a gr'ipɛ]

la fiebre	**a febre** [a 'fɛbrɛ]
un dolor de estomago	**uma dor de estômago** ['uma dor dɛ ɛʃt'omagu]
nauseas	**as náuseas** [aʃ 'nauziaʃ]
la diarrea	**a diarreia** [a diar'ɛja]
el estreñimiento	**a constipação** [a kõʃtipas'au]
un dolor de espalda	**as dores nas costas** [aʃ 'dorɛʃ naʃ 'kɔʃtaʃ]

un dolor de pecho	**as dores no peito** [aʃ 'dorɛʃ nu 'pɛjtu]
el flato	**a sutura** [a sut'ura]
un dolor abdominal	**as dores abdominais** [aʃ 'dorɛʃ abdumin'ajʃ]
la píldora	**comprimido** [kõprim'idu]
la crema	**unguento, creme** [ũgu'ẽtu, kr'ɛmɛ]
el jarabe	**xarope** [ʃar'ɔp]
el spray	**spray** [spr'aj]
las gotas	**gotas** ['gotaʃ]
Tiene que ir al hospital.	**Você precisa de ir ao hospital.** [vɔs'e prɛs'iza dɛ ir 'au ɔʃpit'al]
el seguro de salud	**seguro de saúde** [sɛg'uru dɛ sa'udɛ]
la receta	**prescrição** [prɛʃkris'au]
el repelente de insectos	**repelente de insetos** [rɛpɛl'ẽtɛ dɛˈĩsˈɛtuʃ]
la curita	**penso rápido** ['pẽsu 'rapidu]

Lo más imprescindible

Perdone, ...

Desculpe, ...
[dɛʃk'ulpɛ, ...]

Hola.

Olá!
[ɔl'a!]

Gracias.

Obrigado /Obrigada/.
[ɔbrig'adu /ɔbrig'ada/]

Sí.

Sim.
[sĩ]

No.

Não.
['nau]

No lo sé.

Não sei.
['nau sɛj]

¿Dónde? | ¿A dónde? | ¿Cuándo?

Onde? | Para onde? | Quando?
['õdɛ? | 'para 'õdɛ? | ku'ãdu?]

Necesito ...

Preciso de ...
[prɛs'izu dɛ ...]

Quiero ...

Eu queria ...
['eu kɛr'ia ...]

¿Tiene ...?

Tem ...?
[tɛj ...?]

¿Hay ... por aquí?

Há aqui ...?
['a ak'i ...?]

¿Puedo ...?

Posso ...?
['pɔsu ...?]

..., por favor? (petición educada)

..., por favor
[..., pur fav'or]

Busco ...

Estou à procura de ...
[ʃto a prɔk'ura dɛ ...]

el servicio

casa de banho
['kaza dɛ 'baɲu]

un cajero automático

Multibanco
[multib'ãku]

una farmacia

farmácia
[farm'asia]

el hospital

hospital
[ɔʃpit'al]

la comisaría

esquadra de polícia
[ɛʃku'adra dɛ pul'isia]

el metro

metro
['mɛtru]

un taxi	**táxi** ['taksi]
la estación de tren	**estação de comboio** [ɛʃtas'au dɛ kõb'ɔju]

Me llamo ...	**Chamo-me ...** ['ʃamumɛ ...]
¿Cómo se llama?	**Como se chama?** ['komu sɛ ʃ'ama?]
¿Puede ayudarme, por favor?	**Pode-me dar uma ajuda?** ['pɔdɛmɛ dar 'uma aʒ'uda?]
Tengo un problema.	**Tenho um problema.** ['tɛɲu ũ prubl'ema]
Me encuentro mal.	**Não me sinto bem.** ['nau mɛ 'sĩtu bɛj]
¡Llame a una ambulancia!	**Chame a ambulância!** ['ʃamɛ a ãbul'ãsia!]
¿Puedo llamar, por favor?	**Posso fazer uma chamada?** ['pɔsu faz'er 'uma ʃam'ada?]

Lo siento.	**Desculpe.** [dɛʃk'ulpɛ]
De nada.	**De nada.** [dɛ 'nada]

Yo	**eu** ['eu]
tú	**tu** [tu]
él	**ele** ['ɛlɛ]
ella	**ela** ['ɛla]
ellos	**eles** ['ɛleʃ]
ellas	**elas** ['ɛlaʃ]
nosotros /nosotras/	**nós** [nɔʃ]
ustedes, vosotros	**vocês** [vɔs'eʃ]
usted	**você** [vɔs'e]

ENTRADA	**ENTRADA** [ẽtr'ada]
SALIDA	**SAÍDA** [sa'ida]
FUERA DE SERVICIO	**FORA DE SERVIÇO** [f'ora dɛ sɛrv'isu]
CERRADO	**FECHADO** [fɛʃ'adu]

ABIERTO

ABERTO
[ab'ɛrtu]

PARA SEÑORAS

PARA SENHORAS
['para sɛɲ'oraʃ]

PARA CABALLEROS

PARA HOMENS
['para 'ɔmɛjʃ]

DICCIONARIO CONCISO

Esta sección contiene más
de 1.500 palabras útiles.
El diccionario incluye muchos
términos gastronómicos
y será de gran ayuda para
pedir alimentos en un
restaurante o comprando
comestibles en la tienda

T&P Books Publishing

CONTENIDO
DEL DICCIONARIO

T&P Books Publishing

tiempo (m)	**tempo** (m)	['tẽpu]
hora (f)	**hora** (f)	['ɔɾɐ]
media hora (f)	**meia hora** (f)	['mɐjɐ 'ɔɾɐ]
minuto (m)	**minuto** (m)	[mi'nutu]
segundo (m)	**segundo** (m)	[sə'gũdu]
hoy (adv)	**hoje**	['oʒə]
mañana (adv)	**amanhã**	[amɐ'ɲã]
ayer (adv)	**ontem**	['õtẽ ʲ]
lunes (m)	**segunda-feira** (f)	[sə'gũdɐ 'fɐjɾɐ]
martes (m)	**terça-feira** (f)	['teɾse 'fɐjɾɐ]
miércoles (m)	**quarta-feira** (f)	[ku'aɾt 'fɐjɾɐ]
jueves (m)	**quinta-feira** (f)	['kĩtɐ 'fɐjɾɐ]
viernes (m)	**sexta-feira** (f)	['sɐʃtɐ 'fɐjɾɐ]
sábado (m)	**sábado** (m)	['sabɐdu]
domingo (m)	**domingo** (m)	[du'mĩgu]
día (m)	**dia** (m)	['diɐ]
día (m) de trabajo	**dia** (m) **de trabalho**	['diɐ də tɾɐ'baʎu]
día (m) de fiesta	**feriado** (m)	[fə'ɾjadu]
fin (m) de semana	**fim** (m) **de semana**	[fĩ də sə'mɐnɐ]
semana (f)	**semana** (f)	[sə'mɐnɐ]
semana (f) pasada	**na semana passada**	[nɐ sə'mɐnɐ pɐ'sadɐ]
semana (f) que viene	**na próxima semana**	[nɐ 'pɾɔsimɐ sə'mɐnɐ]
salida (f) del sol	**nascer** (m) **do sol**	[nɐ'ʃeɾ du sɔl]
puesta (f) del sol	**pôr** (m) **do sol**	[poɾ du 'sɔl]
por la mañana	**de manhã**	[də mɐ'ɲã]
por la tarde	**à tarde**	[a 'taɾdə]
por la noche	**à noite**	[a 'nojtə]
esta noche (p.ej. 8:00 p.m.)	**esta noite, hoje à noite**	['ɛʃtɐ 'nojtə], ['oʒə a 'nojtə]
por la noche	**à noite**	[a 'nojtə]
medianoche (f)	**meia-noite** (f)	['mɐjɐ 'nojtə]
enero (m)	**janeiro** (m)	[ʒɐ'nɐjɾu]
febrero (m)	**fevereiro** (m)	[fəvə'ɾɐjɾu]
marzo (m)	**março** (m)	['maɾsu]
abril (m)	**abril** (m)	[ɐ'bɾil]
mayo (m)	**maio** (m)	['maju]
junio (m)	**junho** (m)	['ʒuɲu]
julio (m)	**julho** (m)	['ʒuʎu]

agosto (m)	agosto (m)	[ɐ'goʃtu]
septiembre (m)	setembro (m)	[sə'tẽbru]
octubre (m)	outubro (m)	[o'tubru]
noviembre (m)	novembro (m)	[nu'vẽbru]
diciembre (m)	dezembro (m)	[də'zẽbru]

en primavera	na primavera	[nɐ primɐ'vɛrɐ]
en verano	no verão	[nu vɘ'rãu]
en otoño	no outono	[nu o'tonu]
en invierno	no inverno	[nu ĩ'vɛrnu]

mes (m)	mês (m)	[meʃ]
estación (f)	estação (f)	[əʃtɐ'sãu]
año (m)	ano (m)	['ɐnu]
siglo (m)	século (m)	['sɛkulu]

2. Números. Los numerales

cifra (f)	algarismo, dígito (m)	[algɐ'riʒmu], ['diʒitu]
número (m) (~ cardinal)	número (m)	['numɐru]
menos (m)	menos (m)	['menuʃ]
más (m)	mais (m)	['maɪʃ]
suma (f)	soma (f)	['somɐ]

primero (adj)	primeiro	[pri'mejru]
segundo (adj)	segundo	[sə'gũdu]
tercero (adj)	terceiro	[tər'sejru]

cero	zero	['zɛru]
uno	um	[ũ]
dos	dois	['doɪʃ]
tres	três	[treʃ]
cuatro	quatro	[ku'atru]

cinco	cinco	['sĩku]
seis	seis	['seɪʃ]
siete	sete	['sɛtə]
ocho	oito	['ojtu]
nueve	nove	['nɔvə]
diez	dez	[dɛʒ]

once	onze	['õzə]
doce	doze	['dozə]
trece	treze	['trezə]
catorce	catorze	[kɐ'torzə]
quince	quinze	['kĩzə]

dieciséis	dezasseis	[dəzɐ'seɪʃ]
diecisiete	dezassete	[dəzɐ'sɛtə]
dieciocho	dezoito	[də'zojtu]

diecinueve	**dezanove**	[dəze'nɔvə]
veinte	**vinte**	['vĩtə]
treinta	**trinta**	['trĩtə]
cuarenta	**quarenta**	[kuɐ'rẽtə]
cincuenta	**cinquenta**	[sĩku'ẽtə]
sesenta	**sessenta**	[sə'sẽtə]
setenta	**setenta**	[sə'tẽtə]
ochenta	**oitenta**	[oj'tẽtə]
noventa	**noventa**	[nu'vẽtə]
cien	**cem**	[sẽʲ]
doscientos	**duzentos**	[du'zẽtuʃ]
trescientos	**trezentos**	[trə'zẽtuʃ]
cuatrocientos	**quatrocentos**	[kuatru'sẽtuʃ]
quinientos	**quinhentos**	[ki'ɲẽtuʃ]
seiscientos	**seiscentos**	[seɪ'ʃsẽtuʃ]
setecientos	**setecentos**	[sɛtə'sẽtuʃ]
ochocientos	**oitocentos**	[ojtu'sẽtuʃ]
novecientos	**novecentos**	[nɔvə'sẽtuʃ]
mil	**mil**	[mil]
diez mil	**dez mil**	['dɛʒ mil]
cien mil	**cem mil**	[sẽʲ mil]
millón (m)	**um milhão**	[ũ mi'ʎãu]
mil millones	**mil milhões**	[mil mi'ʎoɪʃ]

3. El ser humano. Los familiares

hombre (m) (varón)	**homem** (m)	['ɔmẽʲ]
joven (m)	**jovem** (m)	['ʒɔvẽʲ]
adolescente (m)	**adolescente** (m)	[ɐdulə'ʃsẽtə]
mujer (f)	**mulher** (f)	[mu'ʎɛr]
muchacha (f)	**rapariga** (f)	[ʀɐpɐ'rigɐ]
edad (f)	**idade** (f)	[i'dadə]
adulto	**adulto**	[ɐ'dultu]
de edad media (adj)	**de meia-idade**	[də mɐjɐ i'dadə]
anciano, mayor (adj)	**idoso, de idade**	[i'dozu], [de i'dadə]
viejo (adj)	**velho**	['vɛʎu]
anciano (m)	**velho** (m)	['vɛʎu]
anciana (f)	**velhota** (f)	[vɛ'ʎɔtə]
jubilación (f)	**reforma** (f)	[ʀə'formə]
jubilarse	**reformar-se** (vr)	[ʀəfur'marsə]
jubilado (m)	**reformado** (m)	[ʀəfur'madu]
madre (f)	**mãe** (f)	[mẽʲ]
padre (m)	**pai** (m)	[paj]
hijo (m)	**filho** (m)	['fiʎu]

hija (f)	**filha** (f)	['fiʎɐ]
hermano (m)	**irmão** (m)	[ir'mãu]
hermano (m) mayor	**irmão** (m) **mais velho**	[ir'mãu 'maɪʃ 'vɛʎu]
hermano (m) menor	**irmão** (m) **mais novo**	[ir'mãu 'maɪʃ 'novu]
hermana (f)	**irmã** (f)	[ir'mã]
hermana (f) mayor	**irmã** (f) **mais velha**	[ir'mã 'maɪʃ 'vɛʎɐ]
hermana (f) menor	**irmã** (f) **mais nova**	[ir'mã 'maɪʃ 'nɔvɐ]
padres (pl)	**pais** (pl)	['paɪʃ]
niño -a (m, f)	**criança** (f)	[kri'ãsɐ]
niños (pl)	**crianças** (f pl)	[kri'ãsɐʃ]
madrastra (f)	**madrasta** (f)	[mɐ'draʃtɐ]
padrastro (m)	**padrasto** (m)	[pɐ'draʃtu]
abuela (f)	**avó** (f)	[ɐ'vɔ]
abuelo (m)	**avô** (m)	[ɐ'vo]
nieto (m)	**neto** (m)	['nɛtu]
nieta (f)	**neta** (f)	['nɛtɐ]
nietos (pl)	**netos** (pl)	['nɛtuʃ]
tío (m)	**tio** (m)	['tiu]
tía (f)	**tia** (f)	['tiɐ]
sobrino (m)	**sobrinho** (m)	[su'briɲu]
sobrina (f)	**sobrinha** (f)	[su'briɲɐ]
mujer (f)	**mulher** (f)	[mu'ʎɛr]
marido (m)	**marido** (m)	[mɐ'ridu]
casado (adj)	**casado**	[kɐ'zadu]
casada (adj)	**casada**	[kɐ'zadɐ]
viuda (f)	**viúva** (f)	['vjuvɐ]
viudo (m)	**viúvo** (m)	['vjuvu]
nombre (m)	**nome** (m)	['nomə]
apellido (m)	**apelido** (m)	[ɐpɐ'lidu]
pariente (m)	**parente** (m)	[pɐ'rẽtə]
amigo (m)	**amigo** (m)	[ɐ'migu]
amistad (f)	**amizade** (f)	[ɐmi'zadə]
compañero (m)	**parceiro** (m)	[pɐr'sɐjru]
superior (m)	**superior** (m)	[supɐ'rjor]
colega (m, f)	**colega** (m)	[ku'lɛgɐ]
vecinos (pl)	**vizinhos** (pl)	[vi'ziɲuʃ]

4. El cuerpo. La anatomía humana

organismo (m)	**organismo** (m)	[ɔrgɐ'niʒmu]
cuerpo (m)	**corpo** (m)	['korpu]
corazón (m)	**coração** (m)	[kurɐ'sãu]
sangre (f)	**sangue** (m)	['sãgə]

cerebro (m)	cérebro (m)	['sɛrəbru]
nervio (m)	nervo (m)	['nervu]
hueso (m)	osso (m)	['osu]
esqueleto (m)	esqueleto (m)	[əʃkə'letu]
columna (f) vertebral	coluna (f) vertebral	[ku'lunɐ vərtə'bral]
costilla (f)	costela (f)	[ku'ʃtɛlɐ]
cráneo (m)	crânio (m)	['kreniu]
músculo (m)	músculo (m)	['muʃkulu]
pulmones (m pl)	pulmões (m pl)	[pul'moɪʃ]
piel (f)	pele (f)	['pɛlə]
cabeza (f)	cabeça (f)	[kɐ'besɐ]
cara (f)	cara (f)	['karɐ]
nariz (f)	nariz (m)	[nɐ'riʒ]
frente (f)	testa (f)	['tɛʃtɐ]
mejilla (f)	bochecha (f)	[bu'ʃeʃɐ]
boca (f)	boca (f)	['bokɐ]
lengua (f)	língua (f)	['lĩguɐ]
diente (m)	dente (m)	['dẽtə]
labios (m pl)	lábios (m pl)	['labiuʃ]
mentón (m)	queixo (m)	['keɪʃu]
oreja (f)	orelha (f)	[ɔ'reʎɐ]
cuello (m)	pescoço (m), colo (m)	[pə'ʃkosu], ['kɔlu]
garganta (f)	garganta (f)	[gɐr'gãtɐ]
ojo (m)	olho (m)	['oʎu]
pupila (f)	pupila (f)	[pu'pilɐ]
ceja (f)	sobrancelha (f)	[subrã'seʎɐ]
pestaña (f)	pestana (f)	[pə'ʃtɐnɐ]
pelo, cabello (m)	cabelos (m pl)	[kɐ'beluʃ]
peinado (m)	penteado (m)	[pẽ'tjadu]
bigote (m)	bigode (m)	[bi'gɔdə]
barba (f)	barba (f)	['barbɐ]
tener (~ la barba)	usar, ter (vt)	[u'zar], [ter]
calvo (adj)	calvo	['kalvu]
mano (f)	mão (f)	['mãu]
brazo (m)	braço (m)	['brasu]
dedo (m)	dedo (m)	['dedu]
uña (f)	unha (f)	['uɲɐ]
palma (f)	palma (f)	['palmɐ]
hombro (m)	ombro (m)	['õbru]
pierna (f)	perna (f)	['pɛrnɐ]
planta (f)	pé (m)	[pɛ]
rodilla (f)	joelho (m)	[ʒu'eʎu]
talón (m)	calcanhar (m)	[kalkɐ'ɲar]
espalda (f)	costas (f pl)	['kɔʃtɐʃ]

cintura (f), talle (m)	**cintura** (f)	[sĩ'turɐ]
lunar (m)	**sinal** (m)	[si'nal]
marca (f) de nacimiento	**sinal** (m) **de nascença**	[si'nal də nɐ'ʃẽsɐ]

5. La medicina. Las drogas

salud (f)	**saúde** (f)	[sɐ'udə]
sano (adj)	**são**	['sãu]
enfermedad (f)	**doença** (f)	[du'ẽsɐ]
estar enfermo	**estar doente**	[ə'ʃtar du'ẽtə]
enfermo (adj)	**doente**	[du'ẽtə]

resfriado (m)	**constipação** (f)	[kõʃtipɐ'sãu]
resfriarse (vr)	**constipar-se** (vr)	[kõʃti'parsə]
angina (f)	**amigdalite** (f)	[emigdɐ'litə]
pulmonía (f)	**pneumonia** (f)	[pneumu'niɐ]
gripe (f)	**gripe** (f)	['gripə]

resfriado (m) (coriza)	**nariz** (m) **a escorrer**	[nɐ'riʒ ɐ əʃku'ʀer]
tos (f)	**tosse** (f)	['tɔsə]
toser (vi)	**tossir** (vi)	[to'sir]
estornudar (vi)	**espirrar** (vi)	[əʃpi'ʀar]

insulto (m)	**AVC** (m)**, apoplexia** (f)	[avɛ'sɛ], [ɐpɔplɛ'ksiɐ]
ataque (m) cardiaco	**ataque** (m) **cardíaco**	[ɐ'takɐ kɐr'dieku]
alergia (f)	**alergia** (f)	[ɐlɐr'ʒiɐ]
asma (f)	**asma** (f)	['aʒmɐ]
diabetes (f)	**diabetes** (f)	[diɐ'bɛtəʃ]

tumor (m)	**tumor** (m)	[tu'mor]
cáncer (m)	**cancro** (m)	['kãkru]
alcoholismo (m)	**alcoolismo** (m)	[alkuu'liʒmu]
SIDA (m)	**SIDA** (f)	['sidɐ]
fiebre (f)	**febre** (f)	['fɛbrə]
mareo (m)	**enjoo** (m)	[ẽ'ʒou]

moradura (f)	**nódoa** (f) **negra**	['nɔduɐ 'negrɐ]
chichón (m)	**galo** (m)	['galu]
cojear (vi)	**coxear** (vi)	[ko'ksjar]
dislocación (f)	**deslocação** (f)	[dəʒlukɐ'sãu]
dislocar (vt)	**deslocar** (vt)	[dəʒlu'kar]

fractura (f)	**fratura** (f)	[fra'turɐ]
quemadura (f)	**queimadura** (f)	[kɐjmɐ'durɐ]
herida (f)	**lesão** (m)	[lə'zãu]
dolor (m)	**dor** (f)	[dor]
dolor (m) de muelas	**dor** (f) **de dentes**	[dor də 'dẽtəʃ]

| sudar (vi) | **suar** (vi) | [su'ar] |
| sordo (adj) | **surdo** | ['surdu] |

mudo (adj)	mudo	['mudu]
inmunidad (f)	imunidade (f)	[imuni'dadə]
virus (m)	vírus (m)	['viruʃ]
microbio (m)	micróbio (m)	[mi'krɔbiu]
bacteria (f)	bactéria (f)	[ba'ktɛriɐ]
infección (f)	infeção (f)	[ĩfɛ'sãu]
hospital (m)	hospital (m)	[ɔʃpi'tal]
cura (f)	cura (f)	['kurɐ]
vacunar (vt)	vacinar (vt)	[vɐsi'nar]
estar en coma	estar em coma	[ə'ʃtar ẽ 'komɐ]
revitalización (f)	reanimação (f)	[ʀɐnimɐ'sãu]
síntoma (m)	sintoma (m)	[sĩ'tomɐ]
pulso (m)	pulso (m)	['pulsu]

6. Los sentimientos. Las emociones

yo	eu	['eu]
tú	tu	[tu]
él	ele	['ɛlə]
ella	ela	['ɛlɐ]
nosotros, -as	nós	[nɔʃ]
vosotros, -as	vocês	[vo'seʃ]
ellos	eles	['ɛləʃ]
ellas	elas	['ɛlɐʃ]
¡Hola! (fam.)	Olá!	[ɔ'la]
¡Hola! (form.)	Bom dia!	[bõ 'diɐ]
¡Buenos días!	Bom dia!	[bõ 'diɐ]
¡Buenas tardes!	Boa tarde!	['boɐ 'tardə]
¡Buenas noches!	Boa noite!	['boɐ 'nojtə]
decir hola	cumprimentar (vt)	[kũprimẽ'tar]
saludar (vt)	saudar (vt)	[sɐu'dar]
¿Cómo estáis?	Como vai?	['komu 'vaj]
¿Cómo estás?	Como vais?	['komu 'vaɪʃ]
¡Chau! ¡Adiós!	Até à vista!	[e'tɛ a 'viʃtɐ]
¡Gracias!	Obrigado! -a!	[ɔbri'gadu, -ɐ]
sentimientos (m pl)	sentimentos (m pl)	[sẽti'mẽtuʃ]
tener hambre	ter fome	[ter 'fomə]
tener sed	ter sede	[ter 'sedə]
cansado (adj)	cansado	[kã'sadu]
inquietarse (vr)	preocupar-se (vr)	[priɔku'parsə]
estar nervioso	estar nervoso	[ə'ʃtar nər'vozu]
esperanza (f)	esperança (f)	[əʃpə'rãsɐ]
esperar (tener esperanza)	esperar (vt)	[əʃpə'rar]
carácter (m)	caráter (m)	[kɐ'ratɛr]

modesto (adj)	**modesto**	[mu'dɛʃtu]
perezoso (adj)	**preguiçoso**	[prəgi'sozu]
generoso (adj)	**generoso**	[ʒənə'rozu]
talentoso (adj)	**talentoso**	[tɐlẽ'tozu]
honesto (adj)	**honesto**	[o'nɛʃtu]
serio (adj)	**sério**	['sɛriu]
tímido (adj)	**tímido**	['timidu]
sincero (adj)	**sincero**	[sĩ'sɛru]
cobarde (m)	**cobarde** (m)	[ku'bardə]
dormir (vi)	**dormir** (vi)	[dur'mir]
sueño (m) (dulces ~s)	**sonho** (m)	['soɲu]
cama (f)	**cama** (f)	['kɐmɐ]
almohada (f)	**almofada** (f)	[almu'fadɐ]
insomnio (m)	**insónia** (f)	[ĩ'sɔniɐ]
irse a la cama	**ir para a cama**	[ir 'pɐrɐ ɐ 'kɐmɐ]
pesadilla (f)	**pesadelo** (m)	[pəzɐ'delu]
despertador (m)	**despertador** (m)	[dəʃpɐrtɐ'dor]
sonrisa (f)	**sorriso** (m)	[su'ʀizu]
sonreír (vi)	**sorrir** (vi)	[su'ʀir]
reírse (vr)	**rir** (vi)	[ʀir]
disputa (f), riña (f)	**discussão** (f)	[diʃku'sãu]
insulto (m)	**insulto** (m)	[ĩ'sultu]
ofensa (f)	**ofensa** (f)	[ɔ'fẽsɐ]
enfadado (adj)	**zangado**	[zã'gadu]

7. La ropa. Accesorios personales

ropa (f)	**roupa** (f)	['ʀopɐ]
abrigo (m)	**sobretudo** (m)	[sobrə'tudu]
abrigo (m) de piel	**casaco** (m) **de peles**	[kɐ'zaku də 'pɛləʃ]
cazadora (f)	**casaco, blusão** (m)	[kɐ'zaku], [blu'zãu]
impermeable (m)	**impermeável** (m)	[ĩpərmi'avɛl]
camisa (f)	**camisa** (f)	[kɐ'mizɐ]
pantalones (m pl)	**calças** (f pl)	['kalsəʃ]
chaqueta (f), saco (m)	**casaco** (m)	[kɐ'zaku]
traje (m)	**fato** (m)	['fatu]
vestido (m)	**vestido** (m)	[və'ʃtidu]
falda (f)	**saia** (f)	['sajɐ]
camiseta (f) (T-shirt)	**T-shirt, camiseta** (f)	['tiʃɐrt], [kɐmi'zetɐ]
bata (f) de baño	**roupão** (m) **de banho**	[ʀo'pãu də 'bɐɲu]
pijama (m)	**pijama** (m)	[pi'ʒɐmɐ]
ropa (f) de trabajo	**roupa** (f) **de trabalho**	['ʀopɐ də trɐ'baʎu]
ropa (f) interior	**roupa** (f) **interior**	['ʀopɐ ĩtə'rjor]
calcetines (m pl)	**peúgas** (f pl)	['pjugəʃ]

sostén (m)	sutiã (m)	[su'tjã]
pantimedias (f pl)	meia-calça (f)	['meje 'kalse]
medias (f pl)	meias (f pl)	['mejeʃ]
traje (m) de baño	fato (m) de banho	['fatu de 'beɲu]

gorro (m)	chapéu (m)	[ʃe'pɛu]
calzado (m)	calçado (m)	[kal'sadu]
botas (f pl) altas	botas (f pl)	['boteʃ]
tacón (m)	salto (m)	['saltu]
cordón (m)	atacador (m)	[eteke'dor]
betún (m)	graxa (f) para calçado	['graʃe 'pere ka'lsadu]

algodón (m)	algodão (m)	[algu'dãu]
lana (f)	lã (f)	[lã]
piel (f) (~ de zorro, etc.)	pele (f)	['pɛle]

guantes (m pl)	luvas (f pl)	['luveʃ]
manoplas (f pl)	mitenes (f pl)	[mi'tɛneʃ]
bufanda (f)	cachecol (m)	[kaʃe'kɔl]
gafas (f pl)	óculos (m pl)	['ɔkuluʃ]
paraguas (m)	guarda-chuva (m)	[guarde 'ʃuve]

corbata (f)	gravata (f)	[gre'vate]
moquero (m)	lenço (m)	['lẽsu]
peine (m)	pente (m)	['pẽte]
cepillo (m) de pelo	escova (f) para o cabelo	[e'ʃkove 'pere u ke'belu]
hebilla (f)	fivela (f)	[fi'vɛle]
cinturón (m)	cinto (m)	['sĩtu]
bolso (m)	mala (f) de senhora	['male de se'ɲore]

cuello (m)	colarinho (m), gola (f)	[kule'riɲu], ['gɔle]
bolsillo (m)	bolso (m)	['bolsu]
manga (f)	manga (f)	['mãge]
bragueta (f)	braguilha (f)	[bre'giʎe]

cremallera (f)	fecho (m) de correr	['feʃu de ku'ʀer]
botón (m)	botão (m)	[bu'tãu]
ensuciarse (vr)	sujar-se (vr)	[su'ʒarse]
mancha (f)	mancha (f)	['mãʃe]

8. La ciudad. Las instituciones urbanas

tienda (f)	loja (f)	['lɔʒe]
centro (m) comercial	centro (m) comercial	['sẽtru kumer'sjal]
supermercado (m)	supermercado (m)	[supɛrmer'kadu]
zapatería (f)	sapataria (f)	[sepete'rie]
librería (f)	livraria (f)	[livre'rie]

| farmacia (f) | farmácia (f) | [fer'masie] |
| panadería (f) | padaria (f) | [pede'rie] |

pastelería (f)	**pastelaria** (f)	[peʃtɐlɐ'riɐ]
tienda (f) de comestibles	**mercearia** (f)	[mɐrsiɐ'riɐ]
carnicería (f)	**talho** (m)	['taʎu]
verdulería (f)	**loja** (f) **de legumes**	['lɔʒɐ dɐ lɐ'gumɐʃ]
mercado (m)	**mercado** (m)	[mɐr'kadu]
peluquería (f)	**salão** (m) **de cabeleireiro**	[sɐ'lãu dɐ kɐbɐlɐj'rejru]
oficina (f) de correos	**correios** (m pl)	[ku'rɐjuʃ]
tintorería (f)	**lavandaria** (f)	[lɐvãdɐ'riɐ]
circo (m)	**circo** (m)	['sirku]
zoológico (m)	**jardim** (m) **zoológico**	[ʒɐr'dĩ zuu'lɔʒiku]
teatro (m)	**teatro** (m)	[tɐ'atru]
cine (m)	**cinema** (m)	[si'nemɐ]
museo (m)	**museu** (m)	[mu'zeu]
biblioteca (f)	**biblioteca** (f)	[bibliu'tɛkɐ]
mezquita (f)	**mesquita** (f)	[mɐ'ʃkitɐ]
sinagoga (f)	**sinagoga** (f)	[sinɐ'gɔgɐ]
catedral (f)	**catedral** (f)	[kɐtɐ'dral]
templo (m)	**templo** (m)	['tẽplu]
iglesia (f)	**igreja** (f)	[i'grɐʒɐ]
instituto (m)	**instituto** (m)	[ĩʃti'tutu]
universidad (f)	**universidade** (f)	[univɐrsi'dadɐ]
escuela (f)	**escola** (f)	[ɐ'ʃkɔlɐ]
hotel (m)	**hotel** (m)	[ɔ'tɛl]
banco (m)	**banco** (m)	['bãku]
embajada (f)	**embaixada** (f)	[ẽbaɪ'ʃadɐ]
agencia (f) de viajes	**agência** (f) **de viagens**	[ɐ'ʒẽsiɐ dɐ 'vjaʒẽʃ]
metro (m)	**metro** (m)	['mɛtru]
hospital (m)	**hospital** (m)	[ɔʃpi'tal]
gasolinera (f)	**posto** (m) **de gasolina**	['poʃtu dɐ gɐzu'linɐ]
aparcamiento (m)	**parque** (m) **de estacionamento**	['parkɐ dɐ ɐʃtɐsiunɐ'mẽtu]
ENTRADA	**ENTRADA**	[ẽ'tradɐ]
SALIDA	**SAÍDA**	[sɐ'idɐ]
EMPUJAR	**EMPURRE**	[ẽ'puRɐ]
TIRAR	**PUXE**	['puʃɐ]
ABIERTO	**ABERTO**	[ɐ'bɛrtu]
CERRADO	**FECHADO**	[fɐ'ʃadu]
monumento (m)	**monumento** (m)	[munu'mẽtu]
fortaleza (f)	**fortaleza** (f)	[furtɐ'lezɐ]
palacio (m)	**palácio** (m)	[pɐ'lasiu]
medieval (adj)	**medieval**	[mɐdiɛ'val]
antiguo (adj)	**antigo**	[ã'tigu]
nacional (adj)	**nacional**	[nɐsiu'nal]
conocido (adj)	**conhecido**	[kuɲɐ'sidu]

9. El dinero. Las finanzas

dinero (m)	**dinheiro** (m)	[di'ɲejɾu]
moneda (f)	**moeda** (f)	[mu'ɛdɐ]
dólar (m)	**dólar** (m)	['dolaɾ]
euro (m)	**euro** (m)	['euɾu]
cajero (m) automático	**Caixa Multibanco** (m)	['kaɪʃɐ multi'bãku]
oficina (f) de cambio	**casa** (f) **de câmbio**	['kaze də 'kãbiu]
curso (m)	**taxa** (f) **de câmbio**	['taʃe də 'kãbiu]
dinero (m) en efectivo	**dinheiro** (m) **vivo**	[di'ɲejɾu 'vivu]
¿Cuánto?	**Quanto?**	[ku'ãtu]
pagar (vi, vt)	**pagar** (vt)	[pɐ'gaɾ]
pago (m)	**pagamento** (m)	[pɐgɐ'mẽtu]
cambio (m) (devolver el ~)	**troco** (m)	['tɾoku]
precio (m)	**preço** (m)	['pɾesu]
descuento (m)	**desconto** (m)	[də'ʃkõtu]
barato (adj)	**barato**	[bɐ'ɾatu]
caro (adj)	**caro**	['kaɾu]
banco (m)	**banco** (m)	['bãku]
cuenta (f)	**conta** (f)	['kõtɐ]
tarjeta (f) de crédito	**cartão** (m) **de crédito**	[kɐɾ'tãu də 'kɾɛditu]
cheque (m)	**cheque** (m)	['ʃɛkə]
sacar un cheque	**passar um cheque**	[pɐ'saɾ ũ 'ʃɛkə]
talonario (m)	**livro** (m) **de cheques**	['livɾu də 'ʃɛkəʃ]
deuda (f)	**dívida** (f)	['dividɐ]
deudor (m)	**devedor** (m)	[dəvə'doɾ]
prestar (vt)	**emprestar** (vt)	[ẽpɾə'ʃtaɾ]
tomar prestado	**pedir emprestado**	[pɐ'diɾ ẽpɾə'ʃtadu]
alquilar (vt)	**alugar** (vt)	[ɐlu'gaɾ]
a crédito (adv)	**a crédito**	[ɐ 'kɾɛditu]
cartera (f)	**carteira** (f)	[kɐɾ'tejɾɐ]
caja (f) fuerte	**cofre** (m)	['kofɾə]
herencia (f)	**herança** (f)	[e'ɾãsɐ]
fortuna (f)	**fortuna** (f)	[fuɾ'tunɐ]
impuesto (m)	**imposto** (m)	[ĩ'poʃtu]
multa (f)	**multa** (f)	['multɐ]
multar (vt)	**multar** (vt)	[mul'taɾ]
al por mayor (adj)	**por grosso**	[puɾ 'gɾosu]
al por menor (adj)	**a retalho**	[ɐ ʁə'taʎu]
asegurar (vt)	**fazer um seguro**	[fɐ'zeɾ ũ sə'guɾu]
seguro (m)	**seguro** (m)	[sə'guɾu]
capital (m)	**capital** (m)	[kɐpi'tal]
volumen (m) de negocio	**volume** (m) **de negócios**	[vu'lumə də nə'gɔsiuʃ]

acción (f)	ação (f)	[a'sãu]
beneficio (m)	lucro (m)	['lukɾu]
beneficioso (adj)	lucrativo	[lukɾɐ'tivu]
crisis (f)	crise (f)	['kɾizə]
bancarrota (f)	bancarrota (f)	[bãkɐ'ʀotɐ]
ir a la bancarrota	entrar em falência	[ẽ'tɾaɾ ẽ fɐ'lẽsiɐ]
contable (m)	contabilista (m)	[kõtɐbi'liʃtɐ]
salario (m)	salário, ordenado (m)	[sɐ'laɾiu], [ɔɾdɐ'nadu]
premio (m)	prémio (m)	['pɾɛmiu]

10. El transporte

autobús (m)	autocarro (m)	[autɔ'kaʀu]
tranvía (m)	elétrico (m)	[e'lɛtɾiku]
trolebús (m)	troleicarro (m)	[trulɛi'kaʀu]
ir en …	ir de …	[ir də]
tomar (~ el autobús)	entrar em …	[ẽ'tɾaɾ ẽⁱ]
bajar (~ del tren)	descer de …	[də'ʃser də]
parada (f)	paragem (f)	[pɐ'ɾaʒẽⁱ]
parada (f) final	ponto (m) final	['põtu fi'nal]
horario (m)	horário (m)	[ɔ'ɾaɾiu]
billete (m)	bilhete (m)	[bi'ʎetə]
llegar tarde (vi)	atrasar-se (vr)	[ɐtɾɐ'zaɾsə]
taxi (m)	táxi (m)	['taksi]
en taxi	de táxi	[də 'taksi]
parada (f) de taxi	praça (f) de táxis	['pɾasɐ də 'taksiʃ]
tráfico (m)	tráfego (m)	['tɾafɐgu]
horas (f pl) de punta	horas (f pl) de ponta	['ɔɾɐʃ də 'põtɐ]
aparcar (vi)	estacionar (vi)	[ɐʃtɐsiu'naɾ]
metro (m)	metro (m)	['mɛtɾu]
estación (f)	estação (f)	[ɐʃtɐ'sãu]
tren (m)	comboio (m)	[kõ'boju]
estación (f)	estação (f)	[ɐʃtɐ'sãu]
rieles (m pl)	carris (m pl)	[kɐ'ʀiʃ]
compartimiento (m)	compartimento (m)	[kõpɐrti'mẽtu]
litera (f)	cama (f)	['kɐmɐ]
avión (m)	avião (m)	[ɐ'vjãu]
billete (m) de avión	bilhete (m) de avião	[bi'ʎetə də ɐ'vjãu]
compañía (f) aérea	companhia (f) aérea	[kõpɐ'ɲiɐ ɐ'ɛɾiɐ]
aeropuerto (m)	aeroporto (m)	[ɛɛɾɔ'pɔrtu]
vuelo (m)	voo (m)	['vou]
equipaje (m)	bagagem (f)	[bɐ'gaʒẽⁱ]

carrito (m) de equipaje	carrinho (m)	[kɐ'ʀiɲu]
barco, buque (m)	navio (m)	[nɐ'viu]
trasatlántico (m)	transatlântico (m)	[trãzet'lãtiku]
yate (m)	iate (m)	['jatə]
bote (m) de remo	bote, barco (m)	['bɔtə], ['barku]

capitán (m)	capitão (m)	[kɐpi'tãu]
camarote (m)	camarote (m)	[kɐmɐ'rɔtə]
puerto (m)	porto (m)	['portu]

bicicleta (f)	bicicleta (f)	[bisik'lɛtə]
scooter (m)	scotter, lambreta (f)	[sku'ter], [lã'bretə]
motocicleta (f)	mota (f)	['mɔtə]
pedal (m)	pedal (m)	[pɐ'dal]
bomba (f)	bomba (f)	['bõbə]
rueda (f)	roda (f)	['ʀodə]

coche (m)	carro, automóvel (m)	['kaʀu], [autu'mɔvɛl]
ambulancia (f)	ambulância (f)	[ãbu'lãsiə]
camión (m)	camião (m)	[ka'mjãu]
de ocasión (adj)	usado	[u'zadu]
accidente (m)	acidente (m) de carro	[ɐsi'dẽtə dɐ 'kaʀu]
reparación (f)	reparação (f)	[ʀɐpɐrɐ'sãu]

11. La comida. Unidad 1

carne (f)	carne (f)	['karnə]
gallina (f)	galinha (f)	[gɐ'liɲə]
pato (m)	pato (m)	['patu]

carne (f) de cerdo	carne (f) de porco	['karnə dɐ 'porku]
carne (f) de ternera	carne (f) de vitela	['karnə dɐ vi'tɛlə]
carne (f) de carnero	carne (f) de carneiro	['karnə dɐ kɐr'nejru]
carne (f) de vaca	carne (f) de vaca	['karnə dɐ 'vakə]

salchichón (m)	chouriço, salsichão (m)	[ʃo'risu], [salsi'ʃãu]
huevo (m)	ovo (m)	['ovu]
pescado (m)	peixe (m)	['pɐjʃə]
queso (m)	queijo (m)	['kɐjʒu]
azúcar (m)	açúcar (m)	[ɐ'sukar]
sal (f)	sal (m)	[sal]

arroz (m)	arroz (m)	[ɐ'ʀoʒ]
macarrones (m pl)	massas (f pl)	['masɐʃ]
mantequilla (f)	manteiga (f)	[mã'tejgə]
aceite (m) vegetal	óleo (m) vegetal	['ɔliu vɐʒɐ'tal]
pan (m)	pão (m)	['pãu]
chocolate (m)	chocolate (m)	[ʃuku'latə]
vino (m)	vinho (m)	['viɲu]
café (m)	café (m)	[kɐ'fɛ]

leche (f)	leite (m)	['lejtə]
zumo (m), jugo (m)	sumo (m)	['sumu]
cerveza (f)	cerveja (f)	[sər'veʒɐ]
té (m)	chá (m)	[ʃa]

tomate (m)	tomate (m)	[tu'matə]
pepino (m)	pepino (m)	[pə'pinu]
zanahoria (f)	cenoura (f)	[sə'norɐ]
patata (f)	batata (f)	[bɐ'tatɐ]
cebolla (f)	cebola (f)	[sə'bolɐ]
ajo (m)	alho (m)	['aʎu]

col (f)	couve (f)	['kovə]
remolacha (f)	beterraba (f)	[bətə'ʀabə]
berenjena (f)	beringela (f)	[bəɾĩ'ʒɛlɐ]
eneldo (m)	funcho, endro (m)	['fũʃu], ['ẽdru]
lechuga (f)	alface (f)	[al'fasə]
maíz (m)	milho (m)	['miʎu]

fruto (m)	fruta (f)	['frutɐ]
manzana (f)	maçã (f)	[mɐ'sã]
pera (f)	pera (f)	['peɾɐ]
limón (m)	limão (m)	[li'mãu]
naranja (f)	laranja (f)	[lɐ'ɾãʒɐ]
fresa (f)	morango (m)	[mu'ɾãgu]

ciruela (f)	ameixa (f)	[ɐ'mɐjʃɐ]
frambuesa (f)	framboesa (f)	[frãbu'ezɐ]
piña (f)	ananás (m)	[ɐnɐ'naʃ]
banana (f)	banana (f)	[bɐ'nɐnɐ]
sandía (f)	melancia (f)	[məlã'siɐ]
uva (f)	uva (f)	['uvɐ]
melón (m)	meloa (f), melão (m)	[mə'loɐ], [mə'lãu]

12. La comida. Unidad 2

cocina (f)	cozinha (f)	[ku'ziɲɐ]
receta (f)	receita (f)	[ʀə'sɐjtɐ]
comida (f)	comida (f)	[ku'midɐ]

desayunar (vi)	tomar o pequeno-almoço	[tu'mar u pə'kenu al'mosu]
almorzar (vi)	almoçar (vi)	[almu'sar]
cenar (vi)	jantar (vi)	[ʒã'tar]

sabor (m)	sabor, gosto (m)	[sɐ'bor], ['goʃtu]
sabroso (adj)	gostoso	[gu'ʃtozu]
frío (adj)	frio	['friu]
caliente (adj)	quente	['kẽtə]
azucarado, dulce (adj)	doce, açucarado	['dosə], [ɐsukɐ'radu]
salado (adj)	salgado	[sa'lgadu]

bocadillo (m)	sandes (f)	['sãdəʃ]
guarnición (f)	conduto (m)	[kõ'dutu]
relleno (m)	recheio (m)	[ʀɐ'ʃɐju]
salsa (f)	molho (m)	['moʎu]
pedazo (m)	bocado, pedaço (m)	[bu'kadu], [pɐ'dasu]
dieta (f)	dieta (f)	[di'ɛtɐ]
vitamina (f)	vitamina (f)	[vitɐ'minɐ]
caloría (f)	caloria (f)	[kɐlu'riɐ]
vegetariano (m)	vegetariano (m)	[vəʒɐtɐ'rjɐnu]
restaurante (m)	restaurante (m)	[ʀɐʃtau'ʀãtɐ]
cafetería (f)	café (m)	[kɐ'fɛ]
apetito (m)	apetite (m)	[ɐpɐ'titɐ]
¡Que aproveche!	Bom apetite!	[bõ ɐpɐ'titɐ]
camarero (m)	empregado (m)	[ẽprɐ'gadu]
camarera (f)	empregada (f)	[ẽprɐ'gadɐ]
barman (m)	barman (m)	['barmɛn]
carta (f), menú (m)	ementa (f)	[e'mẽtɐ]
cuchara (f)	colher (f)	[ku'ʎɛr]
cuchillo (m)	faca (f)	['fakɐ]
tenedor (m)	garfo (m)	['garfu]
taza (f)	chávena (f)	['ʃavɐnɐ]
plato (m)	prato (m)	['pratu]
platillo (m)	pires (m)	['pirəʃ]
servilleta (f)	guardanapo (m)	[guɐrdɐ'napu]
mondadientes (m)	palito (m)	[pɐ'litu]
pedir (vt)	pedir (vt)	[pɐ'dir]
plato (m)	prato (m)	['pratu]
porción (f)	porção (f)	[pur'sãu]
entremés (m)	entrada (f)	[ẽ'tradɐ]
ensalada (f)	salada (f)	[sɐ'ladɐ]
sopa (f)	sopa (f)	['sopɐ]
postre (m)	sobremesa (f)	[sobrɐ'mezɐ]
confitura (f)	doce (m)	['dosɐ]
helado (m)	gelado (m)	[ʒɐ'ladu]
cuenta (f)	conta (f)	['kõtɐ]
pagar la cuenta	pagar a conta	[pɐ'gar ɐ 'kõtɐ]
propina (f)	gorjeta (f)	[gur'ʒetɐ]

13. La casa. El apartamento. Unidad 1

casa (f)	casa (f)	['kazɐ]
casa (f) de campo	casa (f) de campo	['kazɐ də 'kãpu]
villa (f)	vila (f)	['vilɐ]

piso (m), planta (f)	andar (m)	[ã'dar]
entrada (f)	entrada (f)	[ẽ'tradə]
pared (f)	parede (f)	[pɐ'redə]
techo (m)	telhado (m)	[tə'ʎadu]
chimenea (f)	chaminé (f)	[ʃemi'nɛ]
desván (m)	sótão (m)	['sotãu]
ventana (f)	janela (f)	[ʒɐ'nɛlə]
alféizar (m)	parapeito (m)	[pɐrɐ'pɐjtu]
balcón (m)	varanda (f)	[vɐ'rãdə]
escalera (f)	escada (f)	[ə'ʃkadə]
buzón (m)	caixa (f) de correio	['kaɪʃə də ku'ʀɐju]
contenedor (m) de basura	caixote (m) do lixo	[kaɪ'ʃotə du 'liʃu]
ascensor (m)	elevador (m)	[elɐvɐ'dor]
electricidad (f)	eletricidade (f)	[elɛtrisi'dadə]
bombilla (f)	lâmpada (f)	['lãpɐdə]
interruptor (m)	interruptor (m)	[ĩtɐʀup'tor]
enchufe (m)	tomada (f)	[tu'madə]
fusible (m)	fusível (m)	[fu'zivɛl]
puerta (f)	porta (f)	['pɔrtə]
tirador (m)	maçaneta (f)	[mɐsɐ'netə]
llave (f)	chave (f)	['ʃavə]
felpudo (m)	tapete (m) de entrada	[tɐ'petə də ẽ'tradə]
cerradura (f)	fechadura (f)	[fɐʃɐ'durə]
timbre (m)	campainha (f)	[kãpɐ'iɲɐ]
toque (m) a la puerta	batida (f)	[bɐ'tidə]
tocar la puerta	bater (vi)	[bɐ'ter]
mirilla (f)	vigia (f), olho (m) mágico	[vi'ʒiɐ], ['oʎu 'maʒiku]
patio (m)	pátio (m)	['patiu]
jardín (m)	jardim (m)	[ʒɐr'dĩ]
piscina (f)	piscina (f)	[pi'ʃinɐ]
gimnasio (m)	ginásio (m)	[ʒi'naziu]
cancha (f) de tenis	campo (m) de ténis	['kãpu də 'tɛniʃ]
garaje (m)	garagem (f)	[gɐ'raʒẽ]
propiedad (f) privada	propriedade (f) privada	[pruprɪɛ'dadə pri'vadə]
letrero (m) de aviso	sinal (m) de aviso	[si'nal də ɐ'vizu]
seguridad (f)	guarda (f)	[gu'ardə]
guardia (m) de seguridad	guarda (m)	[gu'ardə]
renovación (f)	renovação (f)	[ʀɐnuvɐ'sãu]
renovar (vt)	renovar (vt), fazer obras	[ʀɐnu'var], [fɐ'zer 'ɔbrɐʃ]
poner en orden	consertar (vt)	[kõsɐr'tar]
pintar (las paredes)	pintar (vt)	[pĩ'tar]
empapelado (m)	papel (m) de parede	[pɐ'pɛl də pɐ'redə]
cubrir con barniz	envernizar (vt)	[ẽvɐrni'zar]
tubo (m)	tubo (m)	['tubu]

instrumentos (m pl)	ferramentas (f pl)	[fəʀe'mɛ̃teʃ]
sótano (m)	cave (f)	['kavə]
alcantarillado (m)	sistema (m) de esgotos	[si'ʃtemɐ də əʒ'gɔtuʃ]

14. La casa. El apartamento. Unidad 2

apartamento (m)	apartamento (m)	[ɐpɐrte'mẽtu]
habitación (f)	quarto (m)	[ku'aʀtu]
dormitorio (m)	quarto (m) de dormir	[ku'aʀtu də dur'mir]
comedor (m)	sala (f) de jantar	['salɐ də ʒã'tar]
salón (m)	sala (f) de estar	['salɐ də ə'ʃtar]
despacho (m)	escritório (m)	[əʃkri'tɔriu]
antecámara (f)	antessala (f)	[ãtə'salɐ]
cuarto (m) de baño	quarto (m) de banho	[ku'aʀtu də 'beɲu]
servicio (m)	quarto (m) de banho	[ku'aʀtu də 'beɲu]
suelo (m)	chão, soalho (m)	['ʃãu], [su'aʎu]
techo (m)	teto (m)	['tɛtu]
limpiar el polvo	limpar o pó	[lĩ'par u pɔ]
aspirador (m), aspiradora (f)	aspirador (m)	[əʃpire'dor]
limpiar con la aspiradora	aspirar (vt)	[əʃpi'rar]
fregona (f)	esfregão (m)	[əʃfrə'gãu]
trapo (m)	pano (m), trapo (m)	['penu], ['trapu]
escoba (f)	vassoura (f)	[ve'soɾɐ]
cogedor (m)	pá (f) de lixo	[pa də 'liʃu]
muebles (m pl)	mobiliário (m)	[mubi'ljariu]
mesa (f)	mesa (f)	['mezɐ]
silla (f)	cadeira (f)	[ke'dejrɐ]
sillón (m)	cadeirão (m)	[kɐdej'rãu]
librería (f)	estante (f)	[ə'ʃtãtə]
estante (m)	prateleira (f)	[prɐtə'lejrɐ]
armario (m)	guarda-vestidos (m)	[gu'ardə və'ʃtiduʃ]
espejo (m)	espelho (m)	[ə'ʃpeʎu]
tapiz (m)	tapete (m)	[te'petə]
chimenea (f)	lareira (f)	[lɐ'rejrɐ]
cortinas (f pl)	cortinas (f pl)	[kur'tineʃ]
lámpara (f) de mesa	candeeiro (m) de mesa	[kã'djejru də 'mezɐ]
lámpara (f) de araña	lustre (m)	['luʃtrə]
cocina (f)	cozinha (f)	[ku'ziɲɐ]
cocina (f) de gas	fogão (m) a gás	[fu'gãu ɐ gaʃ]
cocina (f) eléctrica	fogão (m) elétrico	[fu'gãu e'lɛtriku]
horno (m) microondas	forno (m) de micro-ondas	['fornu də mikrɔ'õdɐʃ]
frigorífico (m)	frigorífico (m)	[frigu'rifiku]
congelador (m)	congelador (m)	[kõʒəle'dor]

lavavajillas (m)	**máquina** (f) **de lavar louça**	['makinɐ də le'var 'losɐ]
grifo (m)	**torneira** (f)	[tur'nejrɐ]
picadora (f) de carne	**moedor** (m) **de carne**	[muə'dor də 'karnə]
exprimidor (m)	**espremedor** (m)	[əʃprəmə'dor]
tostador (m)	**torradeira** (f)	[tuʀe'dejrɐ]
batidora (f)	**batedeira** (f)	[bɐtə'dejrɐ]
cafetera (f) (aparato de cocina)	**máquina** (f) **de café**	['makinɐ də kɐ'fɛ]
hervidor (m) de agua	**chaleira** (f)	[ʃɐ'lɐjrɐ]
tetera (f)	**bule** (m)	['bulə]
televisor (m)	**televisor** (m)	[tələvi'zor]
vídeo (m)	**videogravador** (m)	[vidiu·grɐvɐ'dor]
plancha (f)	**ferro** (m) **de engomar**	['fɛʀu də ẽgu'mar]
teléfono (m)	**telefone** (m)	[tələ'fonə]

15. Los trabajos. El estatus social

director (m)	**diretor** (m)	[dirɛ'tor]
superior (m)	**superior** (m)	[supə'rjor]
presidente (m)	**presidente** (m)	[prəzi'dẽtə]
asistente (m)	**assistente** (m)	[ɐsi'ʃtẽtə]
secretario, -a (m, f)	**secretário** (m)	[səkrə'tariu]
propietario (m)	**proprietário** (m)	[pruprie'tariu]
socio (m)	**parceiro, sócio** (m)	[pɐr'sejru], ['sɔsiu]
accionista (m)	**acionista** (m)	[ɐsiu'niʃtə]
hombre (m) de negocios	**homem** (m) **de negócios**	['ɔmẽj də nə'gɔsiuʃ]
millonario (m)	**milionário** (m)	[miliu'nariu]
multimillonario (m)	**bilionário** (m)	[biliu'nariu]
actor (m)	**ator** (m)	[a'tor]
arquitecto (m)	**arquiteto** (m)	[ɐrki'tɛtu]
banquero (m)	**banqueiro** (m)	[bã'kejru]
broker (m)	**corretor** (m)	[kuʀɛ'tor]
veterinario (m)	**veterinário** (m)	[vətəri'nariu]
médico (m)	**médico** (m)	['mɛdiku]
camarera (f)	**camareira** (f)	[kɐmɐ'rejrɐ]
diseñador (m)	**designer** (m)	[di'zajnɐr]
corresponsal (m)	**correspondente** (m)	[kuʀəʃpõ'dẽtə]
repartidor (m)	**entregador** (m)	[ẽtrəgə'dor]
electricista (m)	**eletricista** (m)	[elɛtri'siʃtə]
músico (m)	**músico** (m)	['muziku]
niñera (f)	**babysitter** (f)	[bɐbisi'ter]
peluquero (m)	**cabeleireiro** (m)	[kɐbələj'rejru]

pastor (m)	pastor (m)	[pe'ʃtor]
cantante (m)	cantor (m)	[kã'tor]
traductor (m)	tradutor (m)	[tredu'tor]
escritor (m)	escritor (m)	[əʃkri'tor]
carpintero (m)	carpinteiro (m)	[kɐrpĩ'tejru]
cocinero (m)	cozinheiro (m)	[kuzi'ɲejru]
bombero (m)	bombeiro (m)	[bõ'bejru]
policía (m)	polícia (m)	[pu'lisiɐ]
cartero (m)	carteiro (m)	[kɐr'tejru]
programador (m)	programador (m)	[prugrɐme'dor]
vendedor (m)	vendedor (m)	[vẽdə'dor]
obrero (m)	operário (m)	[ɔpə'rariu]
jardinero (m)	jardineiro (m)	[ʒɐrdi'nejru]
fontanero (m)	canalizador (m)	[kɐnɐlize'dor]
dentista (m)	estomatologista (m)	[əʃtumɐtulu'ʒiʃtɐ]
azafata (f)	hospedeira (f) de bordo	[ɔʃpɐ'dejrɐ də 'bordu]
bailarín (m)	bailarino (m)	[bajlɐ'rinu]
guardaespaldas (m)	guarda-costas (m)	[gu'ardɐ 'kɔʃtɐʃ]
científico (m)	cientista (m)	[siẽ'tiʃtɐ]
profesor (m) (~ de baile, etc.)	professor (m)	[prufɐ'sor]
granjero (m)	agricultor (m)	[ɐgrikul'tor]
cirujano (m)	cirurgião (m)	[sirur'ʒjãu]
minero (m)	mineiro (m)	[mi'nejru]
jefe (m) de cocina	cozinheiro chefe (m)	[kuzi'ɲejru 'ʃɛfɐ]
chofer (m)	condutor (m)	[kõdu'tor]

16. Los deportes

tipo (m) de deporte	tipo (m) de desporto	['tipu də də'ʃportu]
fútbol (m)	futebol (m)	[futɐ'bɔl]
hockey (m)	hóquei (m)	['ɔkej]
baloncesto (m)	basquetebol (m)	[beʃkɛtɐ'bɔl]
béisbol (m)	beisebol (m)	['bɛjzbɔl]
voleibol (m)	voleibol (m)	[vɔlej'bɔl]
boxeo (m)	boxe (m)	['bɔksɐ]
lucha (f)	luta (f)	['lutɐ]
tenis (m)	ténis (m)	['tɛniʃ]
natación (f)	natação (f)	[nɐtɐ'sãu]
ajedrez (m)	xadrez (m)	[ʃɐ'dreʃ]
carrera (f)	corrida (f)	[ku'ridɐ]
atletismo (m)	atletismo (m)	[ɐtlɛ'tiʒmu]
patinaje (m) artístico	patinagem (f) artística	[pɐti'naʒẽ ɐr'tiʃtikɐ]
ciclismo (m)	ciclismo (m)	[sik'liʒmu]

billar (m)	bilhar (m)	[bi'ʎar]
culturismo (m)	musculação (f)	[muʃkuleˈsãu]
golf (m)	golfe (m)	['golfə]
buceo (m)	mergulho (m)	[mərˈguʎu]
vela (f)	vela (f)	['vɛlə]
tiro (m) con arco	tiro (m) com arco	['tiru kõ 'arku]

tiempo (m)	tempo (m)	['tẽpu]
descanso (m)	intervalo (m)	[ĩtərˈvalu]
empate (m)	empate (m)	[ẽ'patə]
empatar (vi)	empatar (vi)	[ẽpe'tar]

cinta (f) de correr	passadeira (f) de corrida	[pɐseˈdejrɐ də kuˈʀidɐ]
jugador (m)	jogador (m)	[ʒugeˈdor]
reserva (m)	jogador (m) de reserva	[ʒugeˈdor də ʀeˈzɛrvɐ]
banquillo (m) de reserva	banco (m) de reservas	['bãku də ʀeˈzɛrveʃ]

match (m)	jogo (m)	['ʒogu]
puerta (f)	baliza (f)	[beˈlizə]
portero (m)	guarda-redes (m)	[gu'ardɐ 'ʀedəʃ]
gol (m)	golo (m)	['golu]

Juegos (m pl) Olímpicos	Jogos (m pl) Olímpicos	['ʒoguʃ ɔˈlĩpikuʃ]
establecer un record	estabelecer um recorde	[eʃtebeleˈser ũ ʀeˈkɔrdə]
final (m)	final (m)	[fi'nal]
campeón (m)	campeão (m)	[kãˈpjãu]
campeonato (m)	campeonato (m)	[kãpiuˈnatu]

vencedor (m)	vencedor (m)	[vẽseˈdor]
victoria (f)	vitória (f)	[viˈtɔriɐ]
ganar (vi)	vencer, ganhar (vi)	[vẽˈser], [gaˈɲar]
perder (vi)	perder (vt)	[pərˈder]
medalla (f)	medalha (f)	[meˈdaʎɐ]

primer puesto (m)	primeiro lugar (m)	[priˈmejru luˈgar]
segundo puesto (m)	segundo lugar (m)	[seˈgũdu luˈgar]
tercer puesto (m)	terceiro lugar (m)	[tərˈsejru luˈgar]

estadio (m)	estádio (m)	[eˈʃtadiu]
hincha (m)	fã, adepto (m)	[fã], [eˈdɛptu]
entrenador (m)	treinador (m)	[trejneˈdor]
entrenamiento (m)	treino (m)	['trejnu]

17. Los idiomas extranjeros. La ortografía

lengua (f)	língua (f)	['lĩguɐ]
estudiar (vt)	estudar (vt)	[eʃtu'dar]
pronunciación (f)	pronúncia (f)	[pruˈnũsiɐ]
acento (m)	sotaque (m)	[suˈtakə]
sustantivo (m)	substantivo (m)	[subʃtãˈtivu]

adjetivo (m)	**adjetivo** (m)	[ɐdʒɛ'tivu]
verbo (m)	**verbo** (m)	['vɛrbu]
adverbio (m)	**advérbio** (m)	[ɐd'vɛrbiu]
pronombre (m)	**pronome** (m)	[pru'nomə]
interjección (f)	**interjeição** (f)	[ĩtɛrʒej'sãu]
preposición (f)	**preposição** (f)	[prəpuzi'sãu]
raíz (f), radical (m)	**raiz** (f)	[ʀɐ'iʃ]
desinencia (f)	**terminação** (f)	[tərminɐ'sãu]
prefijo (m)	**prefixo** (m)	[prə'fiksu]
sílaba (f)	**sílaba** (f)	['siləbə]
sufijo (m)	**sufixo** (m)	[su'fiksu]
acento (m)	**acento** (m)	[ɐ'sẽtu]
punto (m)	**ponto** (m)	['põtu]
coma (m)	**vírgula** (f)	['virgulə]
dos puntos (m pl)	**dois pontos** (m pl)	['doiʃ 'põtuʃ]
puntos (m pl) suspensivos	**reticências** (f pl)	[ʀəti'sẽsiəʃ]
pregunta (f)	**pergunta** (f)	[pər'gũtə]
signo (m) de interrogación	**ponto** (m) **de interrogação**	['põtu də ĩtəʀuge'sãu]
signo (m) de admiración	**ponto** (m) **de exclamação**	['põtu də əʃklɐme'sãu]
entre comillas	**entre aspas**	[ẽtrə 'aʃpɐʃ]
entre paréntesis	**entre parênteses**	[ẽtrə pɐ'rẽtəzəʃ]
letra (f)	**letra** (f)	['letrə]
letra (f) mayúscula	**letra** (f) **maiúscula**	['letrə mɐ'juʃkulə]
oración (f)	**frase** (f)	['frazə]
combinación (f)	**grupo** (m)	['grupu
de palabras	**de palavras**	də pɐ'lavrəʃ]
expresión (f)	**expressão** (f)	[əʃprə'sãu]
sujeto (m)	**sujeito** (m)	[su'ʒejtu]
predicado (m)	**predicado** (m)	[prədi'kadu]
línea (f)	**linha** (f)	['liɲə]
párrafo (m)	**parágrafo** (m)	[pɐ'ragrɐfu]
sinónimo (m)	**sinónimo** (m)	[si'nɔnimu]
antónimo (m)	**antónimo** (m)	[ã'tɔnimu]
excepción (f)	**exceção** (f)	[əʃsɛ'sãu]
subrayar (vt)	**sublinhar** (vt)	[subli'ɲar]
reglas (f pl)	**regras** (f pl)	['ʀɛgrəʃ]
gramática (f)	**gramática** (f)	[grɐ'matikə]
vocabulario (m)	**vocabulário** (m)	[vokabu'larju]
fonética (f)	**fonética** (f)	[fo'nɛtikə]
alfabeto (m)	**alfabeto** (m)	[alfɐ'bɛtu]
manual (m)	**manual** (m)	[mɐnu'al]
diccionario (m)	**dicionário** (m)	[disiu'nariu]

guía (f) de conversación	guia (m) de conversação	['giɐ də kõvərsɐ'sãu]
palabra (f)	palavra (f)	[pɐ'lavɾɐ]
significado (m)	sentido (m)	[sẽ'tidu]
memoria (f)	memória (f)	[mə'mɔɾiɐ]

18. La Tierra. La geografía

Tierra (f)	Terra (f)	['tɛʀɐ]
globo (m) terrestre	globo (m) terrestre	['globu tə'ʀɛʃtɾə]
planeta (m)	planeta (m)	[plɐ'netɐ]
geografía (f)	geografia (f)	[ʒiugɾɐ'fiɐ]
naturaleza (f)	natureza (f)	[netu'ɾezɐ]
mapa (m)	mapa (m)	['mapɐ]
atlas (m)	atlas (m)	['atlɐʃ]
en el norte	no norte	[nu 'nɔɾtə]
en el sur	no sul	[nu sul]
en el oeste	no oeste	[nu ɔ'ɛʃtə]
en el este	no leste	[nu 'lɛʃtə]
mar (m)	mar (m)	[mar]
océano (m)	oceano (m)	[ɔ'sjɐnu]
golfo (m)	golfo (m)	['golfu]
estrecho (m)	estreito (m)	[ə'ʃtɾejtu]
continente (m)	continente (m)	[kõti'nẽtə]
isla (f)	ilha (f)	['iʎɐ]
península (f)	península (f)	[pə'nĩsulɐ]
archipiélago (m)	arquipélago (m)	[ɐrki'pɛlɐgu]
ensenada, bahía (f)	porto (m)	['portu]
arrecife (m) de coral	recife (m) de coral	[ʀə'sifə də ku'ral]
orilla (f)	litoral (m)	[litu'ral]
costa (f)	costa (f)	['kɔʃtɐ]
flujo (m)	maré (f) alta	[mɐ'ɾɛ 'altɐ]
reflujo (m)	refluxo (m), maré (f) baixa	[ʀə'fluksu], [mɐ'ɾɛ 'baɪʃɐ]
latitud (f)	latitude (f)	[lɐti'tudə]
longitud (f)	longitude (f)	[lõʒi'tudə]
paralelo (m)	paralela (f)	[pɐɾɐ'lɛlɐ]
ecuador (m)	equador (m)	[ekwɐ'dor]
cielo (m)	céu (m)	['sɛu]
horizonte (m)	horizonte (m)	[ɔri'zõtə]
atmósfera (f)	atmosfera (f)	[etmu'ʃfɛɾɐ]
montaña (f)	montanha (f)	[mõ'tɐɲɐ]
cima (f)	cume (m)	['kumə]

roca (f)	**falésia** (f)	[fɐ'lɛziɐ]
colina (f)	**colina** (f)	[ku'linɐ]
volcán (m)	**vulcão** (m)	[vu'lkãu]
glaciar (m)	**glaciar** (m)	[glɐ'sjar]
cascada (f)	**queda** (f) **d'água**	['kɛdɐ 'daguɐ]
llanura (f)	**planície** (f)	[plɐ'nisiɐ]
río (m)	**rio** (m)	['ʀiu]
manantial (m)	**fonte, nascente** (f)	['fõtɐ], [nɐ'ʃsẽtɐ]
ribera (f)	**margem** (f)	['marʒẽi̯]
río abajo (adv)	**rio abaixo**	['ʀiu ɐ'baɪʃu]
río arriba (adv)	**rio acima**	['ʀiu ɐ'simɐ]
lago (m)	**lago** (m)	['lagu]
presa (f)	**barragem** (f)	[bɐ'ʀaʒẽi̯]
canal (m)	**canal** (m)	[kɐ'nal]
pantano (m)	**pântano** (m)	['pãtɐnu]
hielo (m)	**gelo** (m)	['ʒelu]

19. Los países. Unidad 1

Europa (f)	**Europa** (f)	[eu'ɾopɐ]
Unión (f) Europea	**União** (f) **Europeia**	[u'njãu euɾu'pɐjɐ]
europeo (m)	**europeu** (m)	[euɾu'peu]
europeo (adj)	**europeu**	[euɾu'peu]
Austria (f)	**Áustria** (f)	['auʃtriɐ]
Gran Bretaña (f)	**Grã-Bretanha** (f)	[gɾãbɾɐ'tɐɲɐ]
Inglaterra (f)	**Inglaterra** (f)	[ĩglɐ'tɛʀɐ]
Bélgica (f)	**Bélgica** (f)	['bɛɮʒikɐ]
Alemania (f)	**Alemanha** (f)	[ɐlɐ'mɐɲɐ]
Países Bajos (m pl)	**Países** (m pl) **Baixos**	[pɐ'izɐʃ 'baɪʃuʃ]
Holanda (f)	**Holanda** (f)	[ɔ'lãdɐ]
Grecia (f)	**Grécia** (f)	['gɾɛsiɐ]
Dinamarca (f)	**Dinamarca** (f)	[dinɐ'markɐ]
Irlanda (f)	**Irlanda** (f)	[ir'lãdɐ]
Islandia (f)	**Islândia** (f)	[i'ʒlãdiɐ]
España (f)	**Espanha** (f)	[ɐ'ʃpɐɲɐ]
Italia (f)	**Itália** (f)	[i'taliɐ]
Chipre (m)	**Chipre** (m)	['ʃipɾɐ]
Malta (f)	**Malta** (f)	['maltɐ]
Noruega (f)	**Noruega** (f)	[nɔɾu'ɛgɐ]
Portugal (m)	**Portugal** (m)	[puɾtu'gal]
Finlandia (f)	**Finlândia** (f)	[fĩ'lãdiɐ]
Francia (f)	**França** (f)	['fɾãsɐ]
Suecia (f)	**Suécia** (f)	[su'ɛsiɐ]

Suiza (f)	Suíça (f)	[su'isɐ]
Escocia (f)	Escócia (f)	[ə'ʃkɔsiɐ]
Vaticano (m)	Vaticano (m)	[veti'kɐnu]
Liechtenstein (m)	Liechtenstein (m)	[liʃtẽ'ʃtajn]
Luxemburgo (m)	Luxemburgo (m)	[luʃẽ'burgu]

Mónaco (m)	Mónaco (m)	['mɔnɐku]
Albania (f)	Albânia (f)	[al'bɐniɐ]
Bulgaria (f)	Bulgária (f)	[bul'gariɐ]
Hungría (f)	Hungria (f)	[ũ'griɐ]
Letonia (f)	Letónia (f)	[lə'tɔniɐ]

Lituania (f)	Lituânia (f)	[litu'ɐniɐ]
Polonia (f)	Polónia (f)	[pu'lɔniɐ]
Rumania (f)	Roménia (f)	[ʀu'mɛniɐ]
Serbia (f)	Sérvia (f)	['sɛrviɐ]
Eslovaquia (f)	Eslováquia (f)	[əʒlɔ'vakiɐ]

Croacia (f)	Croácia (f)	[kru'asiɐ]
Chequia (f)	República (f) Checa	[ʀɛ'publikɐ 'ʃɛkɐ]
Estonia (f)	Estónia (f)	[ə'ʃtɔniɐ]
Bosnia y Herzegovina	Bósnia e Herzegovina (f)	['bɔʒniɐ i ɛrzəgo'vinɐ]
Macedonia	Macedónia (f)	[mɐsə'dɔniɐ]

Eslovenia	Eslovénia (f)	[əʒlɔ'vɛniɐ]
Montenegro (m)	Montenegro (m)	[mõtə'negru]
Bielorrusia (f)	Bielorrússia (f)	[biɛlɔ'ʀusiɐ]
Moldavia (f)	Moldávia (f)	[mol'daviɐ]
Rusia (f)	Rússia (f)	['ʀusiɐ]
Ucrania (f)	Ucrânia (f)	[u'krɐniɐ]

20. Los países. Unidad 2

Asia (f)	Ásia (f)	['aziɐ]
Vietnam (m)	Vietname (m)	[viɛ'tnɐmə]
India (f)	Índia (f)	['ĩdiɐ]
Israel (m)	Israel (m)	[iʒʀɐ'ɛl]
China (f)	China (f)	['ʃinɐ]

Líbano (m)	Líbano (m)	['libɐnu]
Mongolia (f)	Mongólia (f)	[mõ'gɔliɐ]
Malasia (f)	Malásia (f)	[mɐ'laziɐ]
Pakistán (m)	Paquistão (m)	[pɐki'ʃtãu]
Arabia (f) Saudita	Arábia (f) Saudita	[ɐ'rabiɐ sau'ditɐ]

Tailandia (f)	Tailândia (f)	[taj'lãdiɐ]
Taiwán (m)	Taiwan (m)	[taj'wɐn]
Turquía (f)	Turquia (f)	[tur'kiɐ]
Japón (m)	Japão (m)	[ʒɐ'pãu]
Afganistán (m)	Afeganistão (m)	[ɐfəgɐni'ʃtãu]

Bangladesh (m)	Bangladesh (m)	[bãgle'dɛʃ]
Indonesia (f)	Indonésia (f)	[ĩdɔ'nɛzie]
Jordania (f)	Jordânia (f)	[ʒur'denie]
Irak (m)	Iraque (m)	[i'rake]
Irán (m)	Irão (m)	[i'rãu]
Camboya (f)	Camboja (f)	[kã'bɔdʒe]
Kuwait (m)	Kuwait (m)	[ku'wejt]
Laos (m)	Laos (m)	[leuʃ]
Myanmar (m)	Myanmar (m), Birmânia (f)	[miã'maɾ], [bir'menie]
Nepal (m)	Nepal (m)	[ne'pal]
Emiratos (m pl) Árabes Unidos	Emirados (m pl) Árabes Unidos	[emi'raduʃ 'arebeʃ u'niduʃ]
Siria (f)	Síria (f)	['sirie]
Palestina (f)	Palestina (f)	[pele'ʃtine]
Corea (f) del Sur	Coreia (f) do Sul	[ku'reje du sul]
Corea (f) del Norte	Coreia (f) do Norte	[ku'reje du 'nɔrte]
Estados Unidos de América	Estados Unidos da América (m pl)	[e'ʃtaduʃ u'niduʃ de e'mɛrike]
Canadá (f)	Canadá (m)	[kene'da]
Méjico (m)	México (m)	['mɛʃiku]
Argentina (f)	Argentina (f)	[erʒẽ'tine]
Brasil (m)	Brasil (m)	[bre'zil]
Colombia (f)	Colômbia (f)	[ku'lõbie]
Cuba (f)	Cuba (f)	['kube]
Chile (m)	Chile (m)	['ʃile]
Venezuela (f)	Venezuela (f)	[venezu'ɛle]
Ecuador (m)	Equador (m)	[ekwe'dor]
Islas (f pl) Bahamas	Bahamas, Baamas (f pl)	[ba'emeʃ]
Panamá (f)	Panamá (m)	[pene'ma]
Egipto (m)	Egito (m)	[e'ʒitu]
Marruecos (m)	Marrocos	[me'rɔkuʃ]
Túnez (m)	Tunísia (f)	[tu'nizie]
Kenia (f)	Quénia (f)	['kɛnie]
Libia (f)	Líbia (f)	['libie]
República (f) Sudafricana	África (f) do Sul	['afrike du sul]
Australia (f)	Austrália (f)	[au'ʃtralie]
Nueva Zelanda (f)	Nova Zelândia (f)	['nɔve ze'lãdie]

21. El tiempo. Los desastres naturales

tiempo (m)	tempo (m)	['tẽpu]
previsión (f) del tiempo	previsão (f) do tempo	[previ'zãu du 'tẽpu]
temperatura (f)	temperatura (f)	[tẽpere'ture]
termómetro (m)	termómetro (m)	[ter'mɔmetru]

barómetro (m)	**barómetro** (m)	[bɐˈrɔmɐtru]
sol (m)	**sol** (m)	[sɔl]
brillar (vi)	**brilhar** (vi)	[briˈʎar]
soleado (un día ~)	**de sol, ensolarado**	[dɐ sɔl], [ẽsulɐˈradu]
elevarse (el sol)	**nascer** (vi)	[nɐˈʃser]
ponerse (vr)	**pôr-se** (vr)	[ˈporsɐ]
lluvia (f)	**chuva** (f)	[ˈʃuvɐ]
está lloviendo	**está a chover**	[ɐˈʃta ɐ ʃuˈver]
aguacero (m)	**chuva** (f) **torrencial**	[ˈʃuvɐ tuʀẽˈsjal]
nubarrón (m)	**nuvem** (f) **preta**	[ˈnuvẽ ̞ ˈpretɐ]
charco (m)	**poça** (f)	[ˈpɔsɐ]
mojarse (vr)	**molhar-se** (vr)	[muˈʎarsɐ]
tormenta (f)	**trovoada** (f)	[truvuˈadɐ]
relámpago (m)	**relâmpago** (m)	[ʀɐˈlãpɐgu]
relampaguear (vi)	**relampejar** (vi)	[ʀɐlãpɐˈʒar]
trueno (m)	**trovão** (m)	[truˈvãu]
está tronando	**está a trovejar**	[ɐˈʃta ɐ truvɐˈʒar]
granizo (m)	**granizo** (m)	[grɐˈnizu]
está granizando	**está a cair granizo**	[ɐˈʃta ɐ kɐˈir grɐˈnizu]
bochorno (m)	**calor** (m)	[kɐˈlor]
hace mucho calor	**está muito calor**	[ɐˈʃta ˈmũjtu kɐˈlor]
hace calor (templado)	**está calor**	[ɐˈʃta kɐˈlor]
hace frío	**está frio**	[ɐˈʃta ˈfriu]
niebla (f)	**nevoeiro** (m)	[nɐvuˈɐjru]
nebuloso (adj)	**de nevoeiro**	[dɐ nɐvuˈɐjru]
nube (f)	**nuvem** (f)	[ˈnuvẽ ̞]
nuboso (adj)	**nublado**	[nuˈbladu]
humedad (f)	**humidade** (f)	[umiˈdadɐ]
nieve (f)	**neve** (f)	[ˈnɛvɐ]
está nevando	**está a nevar**	[ɐˈʃta ɐ nɛˈvar]
helada (f)	**gelo** (m)	[ˈʒelu]
bajo cero (adv)	**abaixo de zero**	[ɐˈbaɪʃu dɐ ˈzɛru]
escarcha (f)	**geada** (f) **branca**	[ˈʒjadɐ ˈbrãkɐ]
mal tiempo (m)	**mau tempo** (m)	[ˈmau ˈtẽpu]
catástrofe (f)	**catástrofe** (f)	[kɐˈtaʃtrufɐ]
inundación (f)	**inundação** (f)	[inũdɐˈsãu]
avalancha (f)	**avalanche** (f)	[ɐvɐˈlãʃɐ]
terremoto (m)	**terremoto** (m)	[tɐrɐˈmɔtu]
sacudida (f)	**abalo, tremor** (m)	[ɐˈbalu], [trɐˈmor]
epicentro (m)	**epicentro** (m)	[epiˈsẽtru]
erupción (f)	**erupção** (f)	[erupˈsãu]
lava (f)	**lava** (f)	[ˈlavɐ]
tornado (m)	**tornado** (m)	[turˈnadu]
torbellino (m)	**turbilhão** (m)	[turbiˈʎãu]

huracán (m)	furacão (m)	[fure'kãu]
tsunami (m)	tsunami (m)	[tsu'nɛmi]
ciclón (m)	ciclone (m)	[sik'lɔnə]

22. Los animales. Unidad 1

| animal (m) | animal (m) | [ɛni'mal] |
| carnívoro (m) | predador (m) | [prəde'dor] |

tigre (m)	tigre (m)	['tigrə]
león (m)	leão (m)	['ljãu]
lobo (m)	lobo (m)	['lobu]
zorro (m)	raposa (f)	[ʀe'pozɛ]
jaguar (m)	jaguar (m)	[ʒegu'ar]

lince (m)	lince (m)	['lĩsə]
coyote (m)	coiote (m)	[ko'jotə]
chacal (m)	chacal (m)	[ʃe'kal]
hiena (f)	hiena (f)	['jenɛ]

ardilla (f)	esquilo (m)	[ə'ʃkilu]
erizo (m)	ouriço (m)	[o'risu]
conejo (m)	coelho (m)	[ku'eʎu]
mapache (m)	guaxinim (m)	[guaksi'nĩ]

hámster (m)	hamster (m)	['emstɛr]
topo (m)	toupeira (f)	[to'pejrɛ]
ratón (m)	rato (m)	['ʀatu]
rata (f)	ratazana (f)	[ʀɛtɐ'zɛnɛ]
murciélago (m)	morcego (m)	[mur'segu]

castor (m)	castor (m)	[ke'ʃtor]
caballo (m)	cavalo (m)	[ke'valu]
ciervo (m)	veado (m)	['vjadu]
camello (m)	camelo (m)	[ke'melu]
cebra (f)	zebra (f)	['zɛbrɛ]

ballena (f)	baleia (f)	[be'lejɛ]
foca (f)	foca (f)	['fɔkɛ]
morsa (f)	morsa (f)	['mɔrsɛ]
delfín (m)	golfinho (m)	[gol'fiɲu]

oso (m)	urso (m)	['ursu]
mono (m)	macaco (m)	[me'kaku]
elefante (m)	elefante (m)	[elə'fãtə]
rinoceronte (m)	rinoceronte (m)	[ʀinɔse'rõtə]
jirafa (f)	girafa (f)	[ʒi'rafə]

| hipopótamo (m) | hipopótamo (m) | [ipɔ'pɔtemu] |
| canguro (m) | canguru (m) | [kãgu'ru] |

gata (f)	**gata** (f)	['gatɐ]
perro (m)	**cão** (m)	['kãu]

vaca (f)	**vaca** (f)	['vakɐ]
toro (m)	**touro** (m)	['toru]
oveja (f)	**ovelha** (f)	[ɔ'veʎɐ]
cabra (f)	**cabra** (f)	['kabrɐ]

asno (m)	**burro** (m)	['buʀu]
cerdo (m)	**porco** (m)	['porku]
gallina (f)	**galinha** (f)	[gɐ'liɲɐ]
gallo (m)	**galo** (m)	['galu]

pato (m)	**pata** (f)	['patɐ]
ganso (m)	**ganso** (m)	['gãsu]
pava (f)	**perua** (f)	[pɐ'ruɐ]
perro (m) pastor	**cão pastor** (m)	['kãu pɐ'ʃtor]

23. Los animales. Unidad 2

pájaro (m)	**pássaro** (m), **ave** (f)	['pasɐru], ['avɐ]
paloma (f)	**pombo** (m)	['põbu]
gorrión (m)	**pardal** (m)	[pɐr'dal]
carbonero (m)	**chapim-real** (m)	[ʃɐ'pĩ ʀi'al]
urraca (f)	**pega-rabuda** (f)	['pɛgɐ ʀa'budɐ]

águila (f)	**águia** (f)	['agiɐ]
azor (m)	**açor** (m)	[ɐ'sor]
halcón (m)	**falcão** (m)	[fa'lkãu]

cisne (m)	**cisne** (m)	['siʒnɐ]
grulla (f)	**grou** (m)	[gro]
cigüeña (f)	**cegonha** (f)	[sɐ'goɲɐ]
loro (m), papagayo (m)	**papagaio** (m)	[pɐpɐ'gaju]
pavo (m) real	**pavão** (m)	[pɐ'vãu]
avestruz (m)	**avestruz** (m)	[ɐvɐ'ʃtruʃ]

garza (f)	**garça** (f)	['garsɐ]
ruiseñor (m)	**rouxinol** (m)	[ʀoʃi'nɔl]
golondrina (f)	**andorinha** (f)	[ãdu'riɲɐ]
pájaro carpintero (m)	**pica-pau** (m)	['pikɐ 'pau]
cuco (m)	**cuco** (m)	['kuku]
lechuza (f)	**coruja** (f)	[ku'ruʒɐ]

pingüino (m)	**pinguim** (m)	[pĩgu'ĩ]
atún (m)	**atum** (m)	[ɐ'tũ]
trucha (f)	**truta** (f)	['trutɐ]
anguila (f)	**enguia** (f)	[ẽ'giɐ]
tiburón (m)	**tubarão** (m)	[tubɐ'rãu]
centolla (f)	**caranguejo** (m)	[kɐrã'geʒu]

medusa (f)	medusa, alforreca (f)	[mə'duzɐ], [alfu'ʀɛkɐ]
pulpo (m)	polvo (m)	['polvu]
estrella (f) de mar	estrela-do-mar (f)	[ə'ʃtrelɐ du 'mar]
erizo (m) de mar	ouriço-do-mar (m)	[o'risu du 'mar]
caballito (m) de mar	cavalo-marinho (m)	[kɐ'valu mɐ'riɲu]
camarón (m)	camarão (m)	[kɐmɐ'rãu]
serpiente (f)	serpente, cobra (f)	[sɐr'pẽtɐ], ['kɔbrɐ]
víbora (f)	víbora (f)	['viburɐ]
lagarto (m)	lagarto (m)	[lɐ'gartu]
iguana (f)	iguana (f)	[igu'ɐnɐ]
camaleón (m)	camaleão (m)	[kɐmɐ'ljãu]
escorpión (m)	escorpião (m)	[əʃkur'pjãu]
tortuga (f)	tartaruga (f)	[tɐrtɐ'rugɐ]
rana (f)	rã (f)	[ʀã]
cocodrilo (m)	crocodilo (m)	[kruku'dilu]
insecto (m)	inseto (m)	[ĩ'sɛtu]
mariposa (f)	borboleta (f)	[burbu'letɐ]
hormiga (f)	formiga (f)	[fur'migɐ]
mosca (f)	mosca (f)	['moʃkɐ]
mosquito (m) (picadura de ~)	mosquito (m)	[mu'ʃkitu]
escarabajo (m)	escaravelho (m)	[əʃkɐrɐ'vɛʎu]
abeja (f)	abelha (f)	[ɐ'beʎɐ]
araña (f)	aranha (f)	[ɐ'rɐɲɐ]
mariquita (f)	joaninha (f)	[ʒuɐ'niɲɐ]

24. Los árboles. Las plantas

árbol (m)	árvore (f)	['arvurɐ]
abedul (m)	bétula (f)	['bɛtulɐ]
roble (m)	carvalho (m)	[kɐr'vaʎu]
tilo (m)	tília (f)	['tiliɐ]
pobo (m)	choupo-tremedor (m)	['ʃopu trɐmɐ'dor]
arce (m)	bordo (m)	['bordu]
pícea (f)	espruce (m)	[ə'ʃprusɐ]
pino (m)	pinheiro (m)	[pi'ɲejru]
cedro (m)	cedro (m)	['sɛdru]
álamo (m)	choupo, álamo (m)	['ʃopu], ['alɐmu]
serbal (m)	tramazeira (f)	[trɐmɐ'zejrɐ]
haya (f)	faia (f)	['fajɐ]
olmo (m)	ulmeiro (m)	[ul'mejru]
fresno (m)	freixo (m)	['frejʃu]
castaño (m)	castanheiro (m)	[kɐʃtɐ'ɲejru]

palmera (f)	palmeira (f)	[pal'mejre]
mata (f)	arbusto (m)	[er'buʃtu]
seta (f)	cogumelo (m)	[kugu'mɛlu]
seta (f) venenosa	cogumelo (m) venenoso	[kugu'mɛlu vənə'nozu]
seta calabaza (f)	boleto (m)	[bu'letu]
rúsula (f)	rússula (f)	['ʀusule]
matamoscas (m)	agário-das-moscas (m)	[e'gariu deʒ 'moʃkeʃ]
oronja (f) verde	cicuta (f) verde	[si'kute 'verde]
flor (f)	flor (f)	[flor]
ramo (m) de flores	ramo (m) de flores	['ʀemu də 'floreʃ]
rosa (f)	rosa (f)	['ʀoze]
tulipán (m)	tulipa (f)	[tu'lipe]
clavel (m)	cravo (m)	['kravu]
manzanilla (f)	camomila (f)	[kamu'mile]
cacto (m)	cato (m)	['katu]
muguete (m)	lírio-do-vale (m)	['liriu du 'vale]
campanilla (f) de las nieves	campânula-branca (f)	[kãpenule 'bʀãke]
nenúfar (m)	nenúfar (m)	[nə'nufar]
invernadero (m) tropical	estufa (f)	[ə'ʃtufe]
césped (m)	relvado (m)	[ʀɛ'lvadu]
macizo (m) de flores	canteiro (m) de flores	[kã'tejru də 'floreʃ]
planta (f)	planta (f)	['plãte]
hierba (f)	erva (f)	['ɛrve]
hoja (f)	folha (f)	['foʎe]
pétalo (m)	pétala (f)	['pɛtele]
tallo (m)	talo (m)	['talu]
retoño (m)	broto, rebento (m)	['brout], [ʀə'bẽtu]
cereales (m pl) (plantas)	cereais (m pl)	[sə'rjaiʃ]
trigo (m)	trigo (m)	['trigu]
centeno (m)	centeio (m)	[sẽ'teju]
avena (f)	aveia (f)	[e'veje]
mijo (m)	milho-miúdo (m)	['miʎu mi'udu]
cebada (f)	cevada (f)	[sə'vade]
maíz (m)	milho (m)	['miʎu]
arroz (m)	arroz (m)	[e'ʀoʒ]

25. Varias palabras útiles

alto (m) (parada temporal)	paragem (f)	[pe'raʒẽ']
ayuda (f)	ajuda (f)	[e'ʒude]
balance (m)	equilíbrio (m)	[eki'libriu]
base (f) (~ científica)	base (f)	['baze]
categoría (f)	categoria (f)	[ketegu'rie]

coincidencia (f)	coincidência (f)	[kuĩsi'dẽsiɐ]
comienzo (m) (principio)	começo (m)	[ku'mesu]
comparación (f)	comparação (f)	[kõpɐɐɐ'sãu]
desarrollo (m)	desenvolvimento (m)	[dɐzẽvɔlvi'mẽtu]
diferencia (f)	diferença (f)	[difɐ'ɾẽsɐ]
efecto (m)	efeito (m)	[e'fɐjtu]
ejemplo (m)	exemplo (m)	[e'zẽplu]
variedad (f) (selección)	variedade (f)	[vɐɾiɛ'dadɐ]
elemento (m)	elemento (m)	[elɐ'mẽtu]
error (m)	erro (m)	['eɾu]
esfuerzo (m)	esforço (m)	[ɐ'ʃforsu]
estándar (adj)	padrão	[pɐ'drãu]
estilo (m)	estilo (m)	[ɐ'ʃtilu]
forma (f) (contorno)	forma (f)	['formɐ]
grado (m) (en mayor ~)	grau (m)	['grau]
hecho (m)	facto (m)	['faktu]
ideal (m)	ideal (m)	[i'djal]
modo (m) (de otro ~)	modo (m)	['mɔdu]
momento (m)	momento (m)	[mu'mẽtu]
obstáculo (m)	obstáculo (m)	[ɔb'ʃtakulu]
parte (f)	parte (f)	['partɐ]
pausa (f)	pausa (f)	['pauzɐ]
posición (f)	posição (f)	[puzi'sãu]
problema (m)	problema (m)	[prub'lemɐ]
proceso (m)	processo (m)	[pru'sɛsu]
progreso (m)	progresso (m)	[pru'grɛsu]
propiedad (f) (cualidad)	propriedade (f)	[prupriɛ'dadɐ]
reacción (f)	reação (f)	[ʁia'sãu]
riesgo (m)	risco (m)	['ʁiʃku]
secreto (m)	segredo (m)	[sɐ'gredu]
serie (f)	série (f)	['sɛriɐ]
sistema (m)	sistema (m)	[si'ʃtemɐ]
situación (f)	situação (f)	[situɐ'sãu]
solución (f)	solução (f)	[sulu'sãu]
tabla (f) (~ de multiplicar)	tabela (f)	[tɐ'bɛlɐ]
tempo (m) (ritmo)	ritmo (m)	['ʁitmu]
término (m)	termo (m)	['termu]
tipo (m)	tipo (m)	['tipu]
(p.ej. ~ de deportes)		
turno (m) (esperar su ~)	vez (f)	[veʒ]
urgente (adj)	urgente	[ur'ʒẽtɐ]
utilidad (f)	utilidade (f)	[utili'dadɐ]
variante (f)	variante (f)	[vɐ'rjãtɐ]
verdad (f)	verdade (f)	[vɐr'dadɐ]
zona (f)	zona (f)	['zonɐ]

26. Los adjetivos. Unidad 1

abierto (adj)	aberto	[ɐ'bɛrtu]
adicional (adj)	suplementar	[suplǝmẽ'tar]
agrio (sabor ~)	azedo	[ɐ'zedu]
agudo (adj)	afiado	[ɐ'fjadu]
amargo (adj)	amargo	[ɐ'margu]
amplio (~a habitación)	amplo	['ãplu]
antiguo (adj)	antigo	[ã'tigu]
arriesgado (adj)	arriscado	[ɐɾi'ʃkadu]
artificial (adj)	artificial	[ɐrtifi'sjal]
azucarado, dulce (adj)	doce	['dosǝ]
bajo (voz ~a)	baixo	['baɪʃu]
bello (hermoso)	bonito	[bu'nitu]
blando (adj)	mole	['molǝ]
bronceado (adj)	bronzeado	[brõ'zjadu]
central (adj)	central	[sẽ'tral]
ciego (adj)	cego	['sɛgu]
clandestino (adj)	clandestino	[klãdǝ'ʃtinu]
compatible (adj)	compatível	[kõpɐ'tivɛl]
congelado (pescado ~)	congelado	[kõʒǝ'ladu]
contento (adj)	contente	[kõ'tẽtǝ]
continuo (adj)	contínuo	[kõ'tinuu]
cortés (adj)	educado	[edu'kadu]
corto (adj)	curto	['kurtu]
crudo (huevos ~s)	cru	[kru]
de segunda mano	usado	[u'zadu]
denso (~a niebla)	denso	['dẽsu]
derecho (adj)	direito	[di'rejtu]
difícil (decisión)	difícil	[di'fisil]
dulce (agua ~)	doce	['dosǝ]
duro (material, etc.)	duro	['duru]
enfermo (adj)	doente	[du'ẽtǝ]
enorme (adj)	enorme	[e'nɔrmǝ]
especial (adj)	especial	[ǝʃpǝ'sjal]
estrecho (calle, etc.)	estreito	[ǝ'ʃtrejtu]
exacto (adj)	exato	[e'zatu]
excelente (adj)	excelente	[ǝksǝ'lẽtǝ]
excesivo (adj)	excessivo	[ǝʃsǝ'sivu]
exterior (adj)	externo	[ǝ'ʃtɛrnu]
fácil (adj)	fácil	['fasil]
feliz (adj)	feliz	[fǝ'liʃ]
fértil (la tierra ~)	fértil	['fɛrtil]
frágil (florero, etc.)	frágil	['fraʒil]

fuerte (~ voz)	alto	['altu]
fuerte (adj)	forte	['fɔrtə]
grande (en dimensiones)	grande	['grãdə]
gratis (adj)	gratuito, grátis	[grɐ'tuitu], ['gratiʃ]
importante (adj)	importante	[ĩpur'tãtə]
infantil (adj)	infantil	[ĩfã'til]
inmóvil (adj)	imóvel	[i'mɔvɛl]
inteligente (adj)	inteligente	[ĩtəli'ʒẽtə]
interior (adj)	interno	[ĩ'tɛrnu]
izquierdo (adj)	esquerdo	[ə'ʃkerdu]

27. Los adjetivos. Unidad 2

largo (camino)	longo	['lõgu]
legal (adj)	legal	[lə'gal]
ligero (un metal ~)	leve	['lɛvə]
limpio (camisa ~)	limpo	['lĩpu]
líquido (adj)	líquido	['likidu]
liso (piel, pelo, etc.)	liso	['lizu]
lleno (adj)	cheio	['ʃeju]
maduro (fruto, etc.)	maduro	[mɐ'duru]
malo (adj)	mau	['mau]
mate (sin brillo)	mate, baço	['matə], ['basu]
misterioso (adj)	enigmático	[eni'gmatiku]
muerto (adj)	morto	['mortu]
natal (país ~)	natal	[nɐ'tal]
negativo (adj)	negativo	[nɐgɐ'tivu]
no difícil (adj)	não difícil	['nãu di'fisil]
normal (adj)	normal	[nɔr'mal]
nuevo (adj)	novo	['novu]
obligatorio (adj)	obrigatório	[ɔbrigɐ'tɔriu]
opuesto (adj)	contrário	[kõ'trariu]
ordinario (adj)	comum, normal	[ku'mũ], [nɔr'mal]
original (inusual)	original	[ɔriʒi'nal]
peligroso (adj)	perigoso	[pəri'gozu]
pequeño (adj)	pequeno	[pe'kenu]
perfecto (adj)	soberbo, perfeito	[su'berbu], [pər'fejtu]
personal (adj)	pessoal	[pəsu'al]
pobre (adj)	pobre	['pobrə]
poco claro (adj)	não é clara	['nãu ɛ 'klarə]
poco profundo (adj)	pouco fundo	['poku 'fũdu]
posible (adj)	possível	[pu'sivɛl]
principal (~ idea)	principal	[prĩsi'pal]
principal (la entrada ~)	principal	[prĩsi'pal]

probable (adj)	provável	[pru'vavɛl]
público (adj)	público	['publiku]
rápido (adj)	rápido	['ʀapidu]
raro (adj)	raro	['ʀaru]
recto (línea ~a)	reto	['ʀɛtu]
sabroso (adj)	gostoso	[gu'ʃtozu]
siguiente (avión, etc.)	seguinte	[sə'gĩtə]
similar (adj)	similar	[simi'lar]
sólido (~a pared)	sólido	['sɔlidu]
sucio (no limpio)	sujo	['suʒu]
tonto (adj)	burro, estúpido	['buʀu], [ə'ʃtupidu]
triste (mirada ~)	triste	['triʃtə]
último (~a oportunidad)	último	['ultimu]
último (~a vez)	passado	[pɐ'sadu]
vacío (vaso medio ~)	vazio	[vɐ'ziu]
viejo (casa ~a)	velho	['vɛʎu]

28. Los verbos. Unidad 1

abrir (vt)	abrir (vt)	[ɐ'brir]
acabar, terminar (vt)	acabar, terminar (vt)	[ɐkɐ'bar], [tərmi'nar]
acusar (vt)	acusar (vt)	[ɐku'zar]
agradecer (vt)	agradecer (vt)	[ɐgrɐdə'ser]
almorzar (vi)	almoçar (vi)	[almu'sar]
alquilar (~ una casa)	alugar (vt)	[ɐlu'gar]
anular (vt)	anular, cancelar (vt)	[ɐnu'lar], [kãsə'lar]
anunciar (vt)	anunciar (vt)	[ɐnũ'sjar]
apagar (vt)	desligar (vt)	[dəʒli'gar]
autorizar (vt)	permitir (vt)	[pərmi'tir]
ayudar (vt)	ajudar (vt)	[ɐʒu'dar]
bailar (vi, vt)	dançar (vi)	[dã'sar]
beber (vi, vt)	beber, tomar (vt)	[bə'ber], [tu'mar]
borrar (vt)	apagar, eliminar (vt)	[ɐpɐ'gar], [elimi'nar]
bromear (vi)	brincar (vi)	[brĩ'kar]
bucear (vi)	mergulhar (vi)	[mərgu'ʎar]
caer (vi)	cair (vi)	[kɐ'ir]
cambiar (vt)	mudar (vt)	[mu'dar]
cantar (vi)	cantar (vi)	[kã'tar]
cavar (vt)	cavar (vt)	[kɐ'var]
cazar (vi, vt)	caçar (vi)	[kɐ'sar]
cenar (vi)	jantar (vi)	[ʒã'tar]
cerrar (vt)	fechar (vt)	[fə'ʃar]
cesar (vt)	cessar (vt)	[sə'sar]
coger (vt)	apanhar (vt)	[ɐpɐ'ɲar]

comenzar (vt)	começar (vt)	[kumə'sar]
comer (vi, vt)	comer (vt)	[ku'mer]
comparar (vt)	comparar (vt)	[kõpe'rar]
comprar (vt)	comprar (vt)	[kõ'prar]
comprender (vt)	compreender (vt)	[kõpriё'der]
confiar (vt)	confiar (vt)	[kõ'fjar]
confirmar (vt)	confirmar (vt)	[kõfir'mar]
conocer (~ a alguien)	conhecer (vt)	[kuɲə'ser]
construir (vt)	construir (vt)	[kõʃtru'ir]
contar (una historia)	contar (vt)	[kõ'tar]
contar (vt) (enumerar)	contar (vt)	[kõ'tar]
contar con ...	contar com ...	[kõ'tar kõ]
copiar (vt)	copiar (vt)	[ku'pjar]
correr (vi)	correr (vi)	[ku'ʀer]
costar (vt)	custar (vt)	[ku'ʃtar]
crear (vt)	criar (vt)	[kri'ar]
creer (en Dios)	crer (vt)	[krer]
dar (vt)	dar (vt)	[dar]
decidir (vt)	decidir (vt)	[dəsi'dir]
decir (vt)	dizer (vt)	[di'zer]
dejar caer	deixar cair (vt)	[deɪ'ʃar ke'ir]
depender de ...	depender de ... (vi)	[dəpё'der də]
desaparecer (vi)	desaparecer (vi)	[dəzɐpɐrə'ser]
desayunar (vi)	tomar o pequeno-almoço	[tu'mar u pə'kenu al'mosu]
despreciar (vt)	desprezar (vt)	[dəʃprə'zar]
disculpar (vt)	desculpar (vt)	[dəʃkul'par]
disculparse (vr)	desculpar-se (vr)	[dəʃkul'parsə]
discutir (vt)	discutir (vt)	[diʃku'tir]
divorciarse (vr)	divorciar-se (vr)	[divur'sjarsə]
dudar (vt)	duvidar (vt)	[duvi'dar]

29. Los verbos. Unidad 2

encender (vt)	ligar (vt)	[li'gar]
encontrar (hallar)	encontrar (vt)	[ёkõ'trar]
encontrarse (vr)	encontrar-se (vr)	[ёkõ'trarsə]
engañar (vi, vt)	enganar (vt)	[ёgɐ'nar]
enviar (vt)	enviar (vt)	[ё'vjar]
equivocarse (vr)	equivocar-se (vi)	[ёgɐ'narsə]
escoger (vt)	escolher (vt)	[əʃku'ʎer]
esconder (vt)	esconder (vt)	[əʃkõ'der]
escribir (vt)	escrever (vt)	[əʃkrə'ver]
esperar (aguardar)	esperar (vt)	[əʃpə'rar]
esperar (tener esperanza)	esperar (vt)	[əʃpə'rar]

estar ausente	**estar ausente**	[ə'ʃtar au'zɐ̃tə]
estar cansado	**ficar cansado**	[fi'kar kã'sadu]
estar de acuerdo	**concordar** (vi)	[kõkur'dar]
estudiar (vt)	**estudar** (vt)	[əʃtu'dar]
exigir (vt)	**exigir** (vt)	[ezi'ʒir]
existir (vi)	**existir** (vi)	[ezi'ʃtir]
explicar (vt)	**explicar** (vt)	[əʃpli'kar]
faltar (a las clases)	**faltar a ...**	[fal'tar ɐ]
felicitar (vt)	**felicitar** (vt)	[fəlisi'tar]
firmar (~ el contrato)	**assinar** (vt)	[ɐsi'nar]
girar (~ a la izquierda)	**virar** (vi)	[vi'rar]
gritar (vi)	**gritar** (vi)	[gri'tar]
guardar (conservar)	**guardar** (vt)	[guɐr'dar]
gustar (vi)	**gostar** (vt)	[gu'ʃtar]
hablar (vi, vt)	**falar** (vi)	[fɐ'lar]
hablar con ...	**falar com ...**	[fɐ'lar kõ]
hacer (vt)	**fazer** (vt)	[fɐ'zer]
hacer la limpieza	**arrumar, limpar** (vt)	[ɐʀu'mar], [lĩ'par]
insistir (vi)	**insistir** (vi)	[ĩsi'ʃtir]
insultar (vt)	**insultar** (vt)	[ĩsul'tar]
invitar (vt)	**convidar** (vt)	[kõvi'dar]
ir (a pie)	**ir** (vi)	[ir]
jugar (divertirse)	**brincar, jogar** (vi, vt)	[brĩ'kar], [ʒu'gar]
leer (vi, vt)	**ler** (vt)	[ler]
llegar (vi)	**chegar** (vi)	[ʃə'gar]
llorar (vi)	**chorar** (vi)	[ʃu'rar]
matar (vt)	**matar** (vt)	[mɐ'tar]
mirar a ...	**olhar para ...**	[ɔ'ʎar 'pɐrɐ]
molestar (vt)	**perturbar** (vt)	[pərtur'bar]
morir (vi)	**morrer** (vi)	[mu'ʀer]
mostrar (vt)	**mostrar** (vt)	[mu'ʃtrar]
nacer (vi)	**nascer** (vi)	[nɐ'ʃser]
nadar (vi)	**nadar** (vi)	[nɐ'dar]
negar (vt)	**negar** (vt)	[nə'gar]
obedecer (vi, vt)	**obedecer** (vt)	[ɔbədə'ser]
odiar (vt)	**odiar** (vt)	[o'djar]
oír (vt)	**ouvir** (vt)	[o'vir]
olvidar (vt)	**esquecer** (vt)	[əʃkɛ'ser]
orar (vi)	**rezar, orar** (vi)	[ʀə'zar], [ɔ'rar]

30. Los verbos. Unidad 3

pagar (vi, vt)	**pagar** (vt)	[pɐ'gar]
participar (vi)	**participar** (vi)	[pɐrtisi'par]

pegar (golpear)	**bater** (vt)	[be'ter]
pelear (vi)	**brigar** (vi)	[bri'gar]
pensar (vi, vt)	**pensar** (vt)	[pẽ'sar]
perder (paraguas, etc.)	**perder** (vt)	[pər'der]
perdonar (vt)	**perdoar** (vt)	[pərdu'ar]
pertenecer a ...	**pertencer a ...**	[pərtẽ'ser ɐ]
poder (v aux)	**poder** (vi)	[pu'der]
poder (v aux)	**poder** (vi)	[pu'der]
preguntar (vt)	**perguntar** (vt)	[pərgũ'tar]
preparar (la cena)	**preparar** (vt)	[prəpə'rar]
prever (vt)	**prever** (vt)	[prə'ver]
probar (vt)	**provar** (vt)	[pru'var]
prohibir (vt)	**proibir** (vt)	[prui'bir]
prometer (vt)	**prometer** (vt)	[prumə'ter]
proponer (vt)	**propor** (vt)	[pru'por]
quebrar (vt)	**quebrar** (vt)	[kə'brar]
quejarse (vr)	**queixar-se** (vr)	[keɪ'ʃarsə]
querer (amar)	**amar** (vt)	[ɐ'mar]
querer (desear)	**querer** (vt)	[kə'rer]
recibir (vt)	**receber** (vt)	[Rəsə'ber]
repetir (vt)	**repetir** (vt)	[Rəpə'tir]
reservar (~ una mesa)	**reservar** (vt)	[Rəzər'var]
responder (vi, vt)	**responder** (vt)	[Rəʃpõ'der]
robar (vt)	**roubar** (vt)	[Ro'bar]
saber (~ algo mas)	**saber** (vt)	[sɐ'ber]
salvar (vt)	**salvar** (vt)	[sa'lvar]
secar (ropa, pelo)	**secar** (vt)	[sə'kar]
sentarse (vr)	**sentar-se** (vr)	[sẽ'tarsə]
sonreír (vi)	**sorrir** (vi)	[su'Rir]
tener (vt)	**ter** (vt)	[ter]
tener miedo	**ter medo**	[ter 'medu]
tener prisa	**apressar-se** (vr)	[əprə'sarsə]
tener prisa	**estar com pressa**	[ə'ʃtar kõ 'presə]
terminar (vt)	**terminar** (vt)	[tərmi'nar]
tirar, disparar (vi)	**disparar, atirar** (vi)	[diʃpə'rar], [əti'rar]
tomar (vt)	**pegar** (vt)	[pə'gar]
trabajar (vi)	**trabalhar** (vi)	[trɐbɐ'ʎar]
traducir (vt)	**traduzir** (vt)	[trədu'zir]
tratar (de hacer algo)	**tentar** (vt)	[tẽ'tar]
vender (vt)	**vender** (vt)	[vẽ'der]
ver (vt)	**ver** (vt)	[ver]
verificar (vt)	**verificar** (vt)	[vərifi'kar]
volar (pájaro, avión)	**voar** (vi)	[vu'ar]